学典明理

涵养浩然之气

高中版

主编／鲁鹏程

副主编／翟晓敏　周扬

U0660394

湖南人民出版社·长沙

本作品中文简体版权由湖南人民出版社所有。

未经许可，不得翻印。

图书在版编目（CIP）数据

学典明理·涵养浩然之气：高中版 / 鲁鹏程主编. --长沙：湖南人民出版社，2024. 1

ISBN 978-7-5561-3468-7

Ⅰ．①学…　Ⅱ．①鲁…　Ⅲ．①爱国主义教育—高中—教学参考资料　Ⅳ．①G631.4

中国国家版本馆CIP数据核字（2024）第014823号

XUE DIAN MINGLI · HANYANG HAORANZHIQI：GAOZHONG BAN

学典明理·涵养浩然之气：高中版

主　　编　鲁鹏程
策划统筹　王　旷　李俊元
责任编辑　李俊元
装帧设计　速溶综合研究所
封面设计　乐读文化　孙孟婷
责任印制　肖晖
责任校对　唐水兰

出版发行　湖南人民出版社［http://www.hnppp.com］
地　　址　长沙市营盘东路3号
邮　　编　410005
经　　销　湖南省新华书店

印　　刷　长沙鸿发印务实业有限公司
版　　次　2024年1月第1版
印　　次　2024年1月第1次印刷
开　　本　880 mm × 1230 mm　　1/32
印　　张　6
字　　数　100千字
书　　号　ISBN 978-7-5561-3468-7
定　　价　20.00元

营销电话：0731-82221529（如发现印装质量问题请与出版社调换）

出版说明

新时代以来，习近平总书记在多个场合提到"浩然之气"于己于人、于民于国的重要意义。在 2023 年新年贺词中，总书记更是以广博深邃的历史胸襟饱含深情地说道："每当辞旧迎新，总会念及中华民族千年传承的浩然之气，倍增前行信心。"习近平总书记也在多个场合嘱托中国人民要"增强做中国人的志气、骨气、底气"。在二十大报告中，总书记更是坚定铿锵地以此"三气"来告诫全党全国各族人民，要不信邪、不怕鬼、不怕压，知难而进、迎难而上，在新的征程上打开事业发展新天地。

新征程是充满光荣和梦想的远征，今天，全国各族人民在中国共产党的领导下，正在为全面建设社会主义现代化国家、全面推进中华民族伟大复兴而团结奋斗。浩然之气充满理想征程，实干精神创造美好未来。为贯彻落实习近平总书记重要嘱托，使"学习新思想　做好接班人"主题活动走深走实、"平语近人"主题教育读书活动入脑入心，湖南人民出版社组织权威学者编写了这套"学典明理·涵养浩然之气"丛书，致力于通过生动清新的表达形态，引领广大青少年在学习品读中培根铸魂，涵养浩然正气，砥砺强国志向，以奋斗之姿展现青春担当，以勇毅之力践行报国使命。

丛书以"涵养浩然之气"为题眼，从"志气""骨气""底气"三个维度谋设篇章、布局行文。在《好好学习》《学典明理》《古为今鉴》栏目中，我们精选习近平总书记所引用过的中华优秀传统经典辞句生动释义，择取与之契合的中华古代先贤故事精彩讲述；在《典亮百年梦》《榜样在召唤》《涵养浩然气》栏目中，我们挖掘现当代特别是新时代所涌现的红色英模人物故事传情叙说，并创设与主题关联的成长话题激发互动探究。我们希望，年轻的读者朋友借助本套丛书，读经典以怀古鉴今，学榜样以见贤思齐，既能从中领略中华优秀传统文化传承千年、历久弥新的绵长意蕴，又能启思明志、汲取成长成才所需的丰沛精神养分，进而激起奋发报国的情感共鸣与行动自觉。

总之，本套丛书图文并茂，清新雅致，意涵深远，融思想性与可读性于一体，是传扬中华文化、讲好英雄故事、学习新思想、激发新作为的精品读物，是学校师生开展主题教育、班团活动、思品教学、研学探究等德育活动的理想载体。

新时代的中国青年要以实现中华民族伟大复兴为己任，增强做中国人的志气、骨气、底气，不负时代，不负韶华，不负党和人民的殷切期望！

——习近平《在庆祝中国共产党成立100周年大会上的讲话》

目录

长志气

第一节

愿相会于中华腾飞世界时 ·········· 003

第二节

风雨不动安如山 ·················· 031

硬骨气

第一节

栉风沐雨，淬火成钢 ················· 063

第二节

人生天地间，长路有险夷 ··········· 095

蓄底气

第一节

吾心信其可行，
则移山填海之难，终有成功之日 ……… 127

第二节

桐花万里丹山路，雏凤清于老凤声 …… 158

长志气

志 ▶ 志

小篆　　　楷书

　　"志"字的小篆上边是"业（之）"字，下边是"心（心）"字。"业"由"业（止）"和"一"组成，"业"字在甲骨文中是一只脚的形状，写作"业"，"业"表示脚从某处前行，是往的意思。"志"就是心有所往。心有所往，行有所归，志气是一个人的行动指南。

志气与理想相联。志不立，天下无可成之事。习近平总书记引用周恩来的"愿相会于中华腾飞世界时"，让我们看到了老一辈革命家把个人命运和国家命运完美结合的崇高理想；引用杜甫的"风雨不动安如山"，鼓励我们坚定理想信念，坚持正确政治方向。时代造就英雄，青年成就时代。广大青年，应该与党同心，与国同行，与人民同在，立鸿鹄志，做奋斗者，在广阔的历史舞台上，绽放多彩的青春。

第一节

愿相会于中华
腾飞世界时

好好学习

　　周恩来同志青年时代曾经写下这样的寄语："愿相会于中华腾飞世界时。"周恩来同志还说过："在现在这个世界上，我们若不强大起来，不建成社会主义的现代化国家，就要受帝国主义的欺侮。"今天，我们可以告慰周恩来同志等老一辈革命家的是：近代以来久经磨难的中华民族迎来了从站起来、富起来到强起来的伟大飞跃。

　　——2018年3月1日，习近平在纪念周恩来
　　　同志诞辰120周年座谈会上的讲话

学典明理

原典通读

愿相会于中华腾飞世界时。

——1917 年，周恩来将赴日本留学，
给同学郭思宁的临别赠言

现代释义

希望我们能够在中华腾飞于世界之时再相见。

字里有乾坤

中 字的演变过程

甲骨文　　金文　　小篆　　隶书　　楷书

华 字的演变过程

   华

小篆　　隶书　　楷书

　　"中"字的甲骨文是一面带飘带的旗帜，用来测风向、测日影，中间的圆圈表示固定的范围。把旗子插在固定地方的中心，所以引申为"左中右"的"中"。

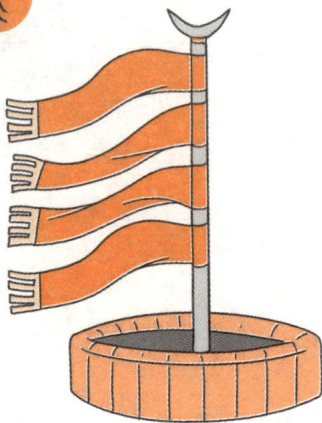

"华"字按小篆来解释，从"艸（cǎo）"从"华（huā）"。"华"的上半部为"华（chuí）"，像花叶下垂的样子，下半部分表示读音。"华"的本义就是花朵，是"花"的本字。

"中华"的"中"指"中国"，"华"指"华夏"。"中国"一词最早出现在西周时期的何尊（盛酒器具）上，上面记载武王灭商之后，祭告上天："余其宅（居住）兹中国，自之乂（治理）民。"古人认为中原居四方之中，所以自称"中国"。中国人又自称自己的民族为"华夏"，《左传》说："中国有礼仪之大，故称夏；有服章之美，谓之华。"所以，夏指礼仪之大，华指衣冠之美。

古为今鉴

柴荣：立志三十年平治天下

唐朝灭亡之后，中国进入了持续半个多世纪的乱世，这就是五代十国时期。后梁、后唐、后晋、后汉、后周，几乎所有的开国之君都是前朝重臣，他们凭借个人实力夺取皇位，却缺乏治国理政的才能，使得这些王朝如昙花一现，不能长久。但是，到了后周，这个情况发生了变化，出现了被史家誉为"五代第一明君"的柴荣。

柴荣本来是后汉大将郭威妻子柴氏的侄子，家道中落，幼年投奔姑姑柴氏。柴荣生性谨厚，帮助姑父郭威处理各种事务，郭威很是喜欢他，而柴氏无子，便收他为养子。951年，郭威黄袍加身，代汉自立，建立后周。954年，郭威去世，养子柴荣即位，是为周世宗。

柴荣决心继承养父的遗愿，干出一番大事业。他询问左谏议大夫王朴："我可以当几年皇帝？"

精通术数的王朴回答说："臣才疏学浅，不过以臣所学推算的话，三十年后便推算不出来了。"

柴荣欣喜地说："如果真如你所说，那我就要用十

世宗志在四方，常恐运祚速而功业不就，以王朴精究术数，一旦从容问之曰："朕当得几年？"对曰："陛下用心，以苍生为念，天高听卑，自当蒙福。臣固陋，辄以所学推之，三十年后非所知也。"世宗喜曰："若如卿言，寡人当以十年开拓天下，十年养百姓，十年致太平，足矣。"

——《旧五代史》

年开拓天下，十年养百姓，十年致太平，这足够了。"

为了实现这些目标，柴荣励精图治，锐意进取。

对外他取得了一系列军事上的胜利。当时，后汉还有一个残余政权据守晋阳，勾结契丹人南犯。柴荣力排众议，御驾亲征，取得了高平之战的胜利。后来，柴荣继续用兵，向西夺取了后蜀（十国之一）四州，向南夺取了南唐江淮之间的十四个州。

对内柴荣进行了一系列的改革。在政治上，他清吏治，选人才，虚心求谏。在经济上，他采取一系列恢复和发展经济的措施。他招揽流民，开垦荒地，奖励农耕。他整顿赋役，均平赋税，同时疏浚漕运水路，兴修水利，使经济得以恢复，人民安居乐业。

后周政治清明，百姓富庶，中原地区经济开始复苏，成为五代中最好的一个时期。柴荣在位期间的文治武功，使他成为结束唐朝以来200多年动荡时局的决定性人物。后来，宋太祖赵匡胤延续了柴荣制定的策略一统天下，结束了兵祸连年的乱世，开启了大宋的文明之世。

"典"亮百年梦

19 岁的周恩来在去往日本留学之前，为送别他的同学写下了"愿相会于中华腾飞世界时"，这是每一个富于崇高理想的中国人的共同愿望。

盛唐之后在北方出现了五代更迭的局面，这是中国历史上极为混乱的时期。周世宗柴荣是那个时代的一颗明星。"十年开拓天下，十年养百姓，十年致太平"，何等豪迈！他的志向与国家、与时代紧密相连，三十年是他的规划，同时也是他奋斗的方向。虽然柴荣中道崩殂，但他的文治武功为北宋的统一奠定了基础。北宋神宗曾经和大臣论及柴荣，他说："世宗诚创业造功英主也。"并感叹假使天假之年，其功业可比汉高祖。像柴荣这样的人物，在中华民族的发展史上，可谓灿若繁星。他们志存高远，心忧天下，胸怀苍生。正是这些人的存在，让中华民族的精神格外崇高、博厚、悠远。

一百多年前，历史进入现代社会，中国共产党人为中国人民谋幸福，为中华民族谋复兴，矢志不渝，舍生忘死。为了助力中华腾飞，中国共产党找到了马克思主义这个立党立国、兴党兴国的根本指导思想，并坚持把马克思主义基本原理同中国具体实际相结合、同中华优秀传统文化相结合，不断推进马克思主义中国化时代化，在新时代新征程上不断创造佳绩。

为中华民族伟大复兴的中国梦而奋斗，构筑起中国人的最大公约数，激励一代代中国人奋发图强，去奔赴那"可赞美的光明前途"。中国共产党早期杰出的革命活动家俞秀松，肩负救亡使命，在黑暗中追寻光明。科学家吴丹，在努力实现个人理想的同时，为科技强国贡献力量。他们都是将个人命运与国家发展结合起来的优秀典范。

榜样在召唤

俞秀松：
志愿做一个利国利民的东南西北人

人物档案

俞秀松 （1899—1939）

中国共产党早期杰出的革命活动家，对创建中国共产党和中国社会主义青年团作出卓越的贡献，上海社会主义青年团第一任书记，我党最早的军事工作者。

人物心语

我的志愿是要做一个有利于国、有利于民的东南西北人。

复兴印记

俞秀松的革命足迹遍布祖国的东南西北，他对弟弟俞寿乔说："我的志愿是要做一个有利于国、有利于民的东南西北人。"家书是他与亲人联系的唯一方式。今天，这些家书已经成为我们学习红色文化的经典文本。

人物春秋

俞秀松是一位坚定的马克思列宁主义战士。他短短40年的人生，彰显了共产党人精神品质的精髓。崇高而闪烁光辉的理想，充满激情而不甘平凡的岁月，让我们重回革命者那短暂而不朽的人生。

"做一个有利于国、有利于民的东南西北人"

俞秀松出生于江南水乡浙江诸暨。他的父亲是清末秀才，思想开明，提倡新学。在父亲的影响下，他自幼品学兼优，是弟妹之楷模。

17岁时，俞秀松考入浙江省立第一师范学校。求学期间，他广泛接触《新青年》等报刊，坚定了共产主义信仰。他博览群书、勤于思考，以能言善辩名扬于校。1919年，五四运动爆发，消息传到杭州，进步青年的爱国热情被彻底点燃。俞秀松成为杭州学生运动的先锋，走上街头与大家一起高呼"外争国权，内惩国贼"。

1917 年，俞秀松（右）与浙江省立第一师范学校同学的合影

　　青年学生们开始思考和探讨：究竟怎样才能救中国？为了宣传革命思想，俞秀松和同学夏衍等创办了《浙江新潮》。俞秀松写了洋洋洒洒近 4000 字的发刊词，发出了"吾人为保全全国青年之人生计，义不独生，誓必前仆后继，以昭正义"的宣言，提出了改造旧社会，实现理想中的"自由""互助""劳动"新社会的主张。

《浙江新潮》一问世，就以战斗的姿态对旧社会进行了猛烈的抨击，成为当时浙江传播新文化、新思想的旗帜。这本刊物后来被称为"杭州学生界破天荒的出版物"。后来，《浙江新潮》被反动当局查封，俞秀松被迫离开杭州，回到家乡。

俞秀松在北京

1919 年寒假过后，俞秀松离开家乡再赴杭州，对送别的弟弟俞寿乔说："我的志愿是要做一个有利于国、有利于民的东南西北人。我什么时候回来也没有一定。"临上船时，他又补充了一句："我这次出去，几时回来没有数。我要等到大家有饭吃，等到讨饭佬有饭吃时再回来。"

年末，俞秀松从杭州去往北京，在北京大学哲学系旁听，并加入了北京工读互助团。他在信中对父亲说："儿现在要做我自己的人，这事和儿前途有极大的关系，所以'不告就去报名'。""我来的目的是：实验我底思想生活，想传播到全人类，使他们共同来享受这甘美、快乐、博爱、互助、自由……的新生活才算完事！"他对父亲反复说，"我是个自爱自奋的人，你可一点儿不要记念我"。"父亲勉励我的，我当牢牢记心头"。

不做学问家，情愿做个"举世唾骂"的革命家

由于脱离了社会现实和人民群众，空想社会主义式的工读互助团，终究还是如肥皂泡一样陷入困境。俞秀松冷静思索后，清醒地认识到，靠工读互助团这种由少数人组成的空想社团，是根本无法与封建主义思想相抗

衡的，也无法与资本主义思想进行斗争，更无法改造社会。于是，俞秀松退出工读互助团，来到上海厚生铁厂做工，以实现他自己提出的"投身到劳动界"的诺言。

在上海，俞秀松与工人朝夕相处，他在给友人的信中说："这里的同志，男女大小十四人，主张都极彻底，我实在还算不得什么。但是和爱快乐天真的空气，充满我底四周，真觉得做人底生趣。"俞秀松始终保持昂扬的斗志和乐观的精神状态。他对朋友讲，"我此后不想做个学问家（这是我本来的志愿），情愿做个'举世唾骂'的革命家"。

当时，陈独秀正在上海宣传十月革命，酝酿建党。俞秀松参与了中国共产党上海早期组织的创建，并成为重要成员。

1920 年 8 月，中国最早的青年团组织——上海社会主义青年团成立，俞秀松成为首任书记。在他的带领下，上海社会主义青年团快速发展，为党培养了一批优秀的后备干部。

阅读中的俞秀松

　　1921 年 3 月，中国社会主义青年团临时中央执行委员会在上海建立，俞秀松为首任书记。

　　1921 年 3 月，受少共国际的邀请和上海党团组织的委派，俞秀松到苏俄莫斯科出席少共国际第二次代表大会，并列席共产国际第三次代表大会。在大会上，俞秀松代表中国社会主义青年团作了专题报告。其大会发言赢得广泛赞誉。会后，俞秀松留苏俄学习，并负责联系选送国内革命青年分期分批赴苏俄留学事宜。

俞秀松（坐者右四）、张太雷（站者左五）、瞿秋白（站者左四）、陈为人（坐者左四）出席共产国际三大和少共国际二大会议期间与各国部分代表的合影

在新疆，为劳苦大众献身

1935 年 6 月，俞秀松化名王寿成，带领一批共产党人来到新疆。在新疆 3 年多的时间里，俞秀松协助时任新疆督办盛世才政府制定并推行了进步的政治纲领，发展经济、兴办教育，改善民族关系和各族人民生活，为新疆经济文化的发展和社会进步作出了卓越的贡献。

俞秀松每到一地工作常兼任多项职务。在新疆时期，他担任新疆民众反帝联合会秘书长兼新疆学院院长、省立第一中学校长等职务。兼职工作理所当然可拿兼职薪

俞秀松在新疆

水，但他坚决不收兼职金。新疆当局曾经要为他买小汽车，他婉言谢绝："我还是走走路、骑骑马好！"他一生不争名、不为利，勤勉工作，一直过着最为简朴的生活。

在此期间，俞秀松将马克思列宁主义作为中等以上学校的必修课，还聘请了在新疆工作的共产党员和进步知识分子来给学生讲授马列主义，教导各民族青年学生明确自身历史责任，把革命放在第一位，肩负起反帝反封建、争取中华民族独立解放的重任。

　　1937 年，俞秀松被诬陷入狱。在监狱的日子里，俞秀松始终坚持自己的理想信念，每次妻子盛世同来探望，他总是会询问了解国内外形势，并向妻子讲述革命必胜的道理。他告诉妻子："你一定要相信共产党，不要为我担忧……不能为我一个人着想，要为劳苦大众献身，这是革命者的本色。"1939 年 2 月，俞秀松被害，时年 40 岁。

俞秀松（右三）在新疆

　　俞秀松一生短暂，但其足迹遍布了祖国的东南西北。他坚守共产主义理想信念不动摇，为共产主义理想信念而英勇献身，堪称光辉典范。经过漫长的革命岁月和时代的风云变幻，俞秀松的红色家书保存至今，为新时代共产党人追忆初心、缅怀先烈提供了经典文本。

俞秀松纪念馆（诸暨市次坞镇溪埭村）内部

吴丹：为科技强国贡献力量

人物档案

吴丹 （1985— ）

　　浙江大学生物医学工程与仪器科学学院生物医学工程系主任、教授、博士生导师，致力于前沿磁共振成像技术研发，实现了成像尺度从宏观到介观到微观的逐步突破。2023年"中国青年五四奖章"获得者。

人物心语

　　今后，我们从事磁共振领域科研工作，一方面要努力做到世界顶尖水平，一方面也要与临床紧密结合，与业界紧密结合，在努力实现个人理想的同时，为科技强国贡献力量。

复兴印记

　　3D 高分辨率弥散磁共振成像技术，是吴丹努力的成果，这个具有超高分辨率的"活体显微镜"，给了医生更清晰的视野，给了病人更切实的治疗希望。"丹"心不改的吴丹，始终与中国的磁共振成像产业的成长同频共振。

人物春秋

吴丹专注的领域，是被誉为医学影像领域"最顶尖的明珠"——磁共振成像。她把个人的理想与国家的发展紧密融合在一起，为我国的科技创新作出了突出贡献。

出国只为更好地回来

1985年，吴丹出生于浙江省湖州市。她自幼聪敏，学习优秀。2009年，她以专业第一名的成绩从浙江大学生物医学工程专业毕业，只身远赴美国生物医学工程排名第一的约翰斯·霍普金斯大学，攻读硕士和博士学位。

在美国学习期间，吴丹潜心研究，获得美国国立卫生研究院的多次项目资助，撰写出多篇专业性极强的论文。在一般情况下，取得博士生学位年限为6年，吴丹只用了三年半，同时获得了该校电子与计算机工程硕士学位。

由于出色的科研成绩，毕业一年后，吴丹成为约翰斯·霍普金斯大学助理教授，这是她学术生涯的又一重要阶段。按照这样的发展，吴丹很快就能正式升任大学副教授。美国方面也极为优待她，希望她留在美国工作。吴丹成为该领域冉冉升起的一颗科研新星。

身在异国他乡，吴丹一直关注着国内磁共振领域的发展。她说："当初我出去，就是为了能够更好地回来。"

2018年，33岁的吴丹毅然放弃美国成熟的研究室、完备的科研条件和丰厚的待遇，坚定地回到了她的母校浙江大学。

在新的起点上引领前沿

吴丹原本研究的是针对动物的磁共振技术，回国后她的研究转到针对人体的生物工程技术。这对吴丹来说，几乎相当于要重新学习一个领域。

吴丹开始着手建立新的研究室、新的科研团队，一切重新开始。虽说是科研团队，但一开始只有吴丹一个人，她自己申请科研基金，自己做实验、处理数据、写文章，一时间压力倍增。好在她的团队慢慢成型，同时也摸索出了一套符合国内实际情况的科研方式。

在那段时间，吴丹夜以继日地钻研新知识，虚心向周围科学家请教，学习全新的实验技巧。半年过后，她很快转换了原本的知识储备，成为针对人体的磁共振成像技术的专家。

吴丹对胎儿和婴幼儿脑疾病和脑发育的研究情有独

钟。由于胎儿在妈妈肚子里处于不断运动的状态，成像难度很高。吴丹带领科研团队从前端的成像技术和后端的图像处理技术两方面进行探索，以"米粒雕花"的超高分辨率构建大脑的时空发育图谱，为胎儿大脑刻画出精细结构图。

今天，吴丹带领团队不断努力，研发了 3D 高分辨率弥散磁共振成像技术，帮助临床医生作出更加准确的判断，在成像速度和空间分辨率上都达到国际领先水平。为了让医生看得更清楚，她不断突破医学影像分辨率和成像速度的极限。

对自己的工作，吴丹始终带着一种使命感："我能感觉到我们的工作对于人民生命健康的意义。"吴丹带领团队在科研之路上奋勇拼搏，形成了一系列引领国际磁共振技术前沿、支撑我国脑科学发展、推动我国医疗影像产业升级的新装置、新方法和新技术。

与国家磁共振成像产业的发展同频共振

吴丹说："我的成长与国家磁共振成像产业的发展同频共振。"作为浙江省领军型创新创业团队及浙江省"鲲鹏行动计划"团队首席科学家，吴丹已组建了 50 余人的科研团队，形成了一个国内领先、国际一流的磁共振影像团队，取得了一项项科研成果。

吴丹深知，攀登科学高峰更需要一代代人的接续奋斗，因此，她除了自己在科研领域不断开拓创新、锐意进取，也致力于培养青年学生，立德树人。

吴丹（前排中）和学生合影

回国 5 年时间里，吴丹指导学生发表了一篇又一篇高水平的论文、申请了一个又一个发明专利、获得了一次又一次国际大奖。她期待着这些年轻人，能够如她一样立下为中国科研献身之志，成为中国生物医学工程领域的"弄潮儿"。

作为科学家，吴丹有为科研献身的觉悟，是受国际同行认可的业内大牛；作为导师，吴丹有倾尽所学为祖国培育人才的决心，尽自己所能为学生争取最好的平台与条件；作为中国人，吴丹有始终不改的初心志向，不受名利所累，为国家发展默默奉献。

第二节

风雨不动安如山

　　中国共产党人的理想信念建立在对马克思主义的深刻理解之上，建立在对历史规律的深刻把握之上。历史和实践反复证明，一个政党有了远大理想和崇高追求，就会坚强有力，无坚不摧，无往不胜，就能经受一次次挫折而又一次次奋起；一名干部有了坚定的理想信念，站位就高了，心胸就开阔了，就能坚持正确政治方向，做到"风雨不动安如山"。信仰认定了就要信上一辈子，否则就会出大问题。

　　——习近平《广大干部特别是年轻干部要做到信念坚、政治强、本领高、作风硬》

学典明理

原典诵读

安得广厦千万间，大庇天下寒士俱欢颜，风雨不动安如山。

——《茅屋为秋风所破歌》（唐·杜甫）

∨∨

现代释义

哪里能得到千万间宽敞的大房间，可以广泛庇护天下贫寒的读书人，让他们都能因此而喜笑颜开，这个房屋即便在暴风骤雨下也屹立不动如山一般安稳。

字里有乾坤

安 字的演变过程

甲骨文	金文	小篆	隶书	楷书

"安"字是会意字，由"宀（mián）"和"女"两部分组成。"宀"像房屋，甲骨文和金文"安"字表示一个女子跪坐在房屋之中，表示安坐、安居，引申为安稳、安宁、安静、安乐等。

"风雨不动安如山"，在杜甫的诗歌里，这个"安"字形容广厦的安稳牢固。

古为今鉴

王符：矢志安然做潜夫

王符是东汉末期的政论家、文学家、思想家。他自幼好学不倦，有志气操守，曾游学洛阳，集德、识、才、学于一身，有"欲显勋绩扬光烈"之志。

然而，王符所处的时代，是一个没落衰败的时代。兼之出身微贱，他经常被乡里人看不起，得不到赏识和推荐。

有高远的志向，有超世的才学，却生不逢时，王符内心愤懑，独守清操，隐居著述，通过文字表达自己的观点和思想。他给自己的书起名叫《潜夫论》。"潜夫"乃是作者自称，就是隐者的意思。

《潜夫论》一共十卷，有三十六篇，在总结三代以来的历史经验教训基础上，对社会状况进行了多层面、多角度的分析，指斥当时的社会弊端，并针对这些情况提出了个人的建构之法。

作为东汉重要的子书，《潜夫论》在思想主张与精神品格上直追先秦子书，继承了先秦子书的著述理想，体现出强烈的子书精神。王符匡正时弊、扶倾救乱、力

规素闻符名，乃惊遽而起，衣不及带，屣履出迎，援符手而还。与同坐，极欢。

——《后汉书》

挽衰世，体现出强烈的救世精神。重学务本是《潜夫论》的立论之基。王符说："虽有至圣，不生而知；虽有至材，不生而能。"重德尚贤是《潜夫论》的根本主张。王符主张"仁重而势轻，位蔑而义荣"，主张"任人唯贤"，反对"任人唯亲"，猛烈抨击"以族举德""以位命贤"的用人方式。重法明刑是王符论政的鲜明标志。他主张"其行赏罚者也，必使足惊心破胆，民乃易视"。重民救边是王符论政的基本立场。他说："国以民为基，贵以贱为本。"又说："国之所以为国者，以有民也。"他认为"边无患，中国乃得安宁"，而"弃边"只能带来"唇亡齿寒，体伤心痛"的结果。

据记载，度辽将军皇甫规和王符是同郡人，皇甫规告老还乡。有一个靠贿赂买官的同乡太守也离职回家，去拜访皇甫规，皇甫规不仅躺着睡觉不迎接，见面后还讽刺这个太守。过了一会儿，王符来访，皇甫规顾不上系衣带，趿拉着鞋子出门相迎，相谈甚欢。从这件事可以窥见王符的德行。孔子所谓的"德不孤，必有邻"，说的正是王符这样的人吧。

"典"亮百年梦

　　"风雨不动安如山"，习近平总书记引用杜甫这句诗，是为了说明理想信念的重要性。一个人有了坚定的理想信念，就能坚持正确政治方向，做到"风雨不动安如山"。

　　王符与王充、仲长统被并称"后汉三贤"或"东汉三杰"，韩愈曾作《后汉三贤赞》，称赞其人，钦慕有加。清代刘熙载《艺概·文概》也说"《潜夫论》醇厚，略近董广川"，将其与董仲舒相提并论。王符生平没有其他建树，仅凭一部著作就产生这么大的影响，足见这部书的价值。《后汉书·王符传》记载，王符"志意蕴愤，乃隐居著书三十余篇，以讥当时失得"，是说王符志气不得抒发，蕴藉忧愤，所以才隐居起来著书。暗夜孤灯，清贫自守，王符真正做到了"风雨不动安如山"。

　　志容易立，却不容易坚持。很多人的失败，往往在于"常立志"，而不能"立长志"。《史记》里面记载，项羽小的时候，和叔父项梁学书，他学不成，就去学剑，又不成功。项梁很生气，项羽说："书足以记名姓而已。剑一人敌，不足学，学万人敌。"于是项梁教他兵法，项羽很高兴，但只是略知其意，最终也没有学习成功。项羽最后被刘邦打败，这和他朝三暮四的性格有关系，他不能把自己的意志坚持到底。立了志，有了方向，就要以铁杵磨成针的恒心，以头悬梁锥刺股的意志，坚持到底。我们要学会"立长志"，而不能"常立志"。

人要"立长志"，一个政党、一个国家也要"立长志"。中华民族伟大复兴的中国梦，共产党一坚持就是百年，从来没有动摇过，即使遭遇内忧外患，也从来没有停止过。这就是中国共产党的理想信念，"风雨不动安如山"。

在通往中华民族伟大复兴的漫漫征途中，一大批优秀共产党人心怀"国之大者"，永葆初心，勇担使命。无产阶级革命家邓恩铭满怀救国救民赤子心，为了社稷苍生，舍生忘死。科学家刘江，为了让中国人端牢饭碗，弃医从农，扎根田间地头，投身农业。他们都是立大志、立长志的典范。

榜样在召唤

邓恩铭：救国救民赤子心

人物档案

邓恩铭 （1901—1931）

　　无产阶级革命家，中国共产党创始人之一。"100位为新中国成立作出突出贡献的英雄模范人物"之一。

人物心语

　　男儿立下钢铁志，国计民生焕然新。

复兴印记

面对黑暗的旧社会，他以诗明志，誓要寻求一条光明大道，救国救民于水火；面对即将到来的死亡，他以诗诀别，将未竟之志托于后世。邓恩铭以一颗赤子之心，唯愿天下安稳，风雨不动。

卅一年华转瞬间，
壮志未酬奈何天。
不惜唯我身先死，
后继频频慰九泉。

人物春秋

作为中国共产党创始人之一、山东共产党组织缔造者和早期领导者，邓恩铭用他短暂而光辉的一生，诠释了共产党人坚守理想、践行初心、不怕牺牲、英勇斗争的生命价值和伟大精神。"长期浪迹在他方，决心肠，不还乡。为国为民，永朝永夕忙"，这是他内心对国家、对人民真心的告白。

男儿立志，为国为民

1901 年，邓恩铭出生于贵州荔波一个贫苦的农民家庭。他从小就很聪明，父母对他寄予厚望。

在上高等小学时，老师高树楠对邓恩铭产生了很大的影响。高树楠曾留学日本，是一名具有强烈正义感的爱国人士。有一次上课时，高树楠忽然压低嗓音，沉痛地讲道："世界大战爆发时，日本帝国主义借口对德宣战，强占了我国的青岛，至今还没有收回……"

"为什么不把敌人赶走呢？"邓恩铭站起来问道。学生们都吃惊地望着他，担心他会受到责怪。但高老师并没有生气，悲愤地说："因为清政府软弱无能，丧权辱国啊！"

邓恩铭紧接着问："不是早已进行了辛亥革命了吗？"

高老师告诉邓恩铭："虽然进行了辛亥革命，但是国家还没有统一，民主还没有实现，帝国主义和军阀还没有被打倒。"

高老师对这个年幼的孩子能提出这样的问题感到吃惊，从内心里格外喜欢这个平时沉默寡言、勤于思考的学生。高老师的话，也深深打动了邓恩铭的心。

"怎么去打倒帝国主义、打倒军阀呢？"少年时代的邓恩铭开始思索这样的问题了。

邓恩铭从小就跟奶奶学了不少反映水族贫民劳苦生活的山歌，也学会了自己创作歌谣。邓恩铭曾写过这样一首民谣："种田之人吃不饱，纺纱之人穿不好。坐轿之人唱高调，抬轿之人满地跑。"

1917年，小学毕业的邓恩铭面临升学，家中已经无力支持他继续上学。此时，在山东做县官的二叔慷慨表示愿意资助他。于是，16岁的邓恩铭离开贵州，投奔在山东的叔父，继续求学。

在离开家乡之前，邓恩铭心潮澎湃，给弟弟们写道："抬头望家园，河山依然，背井离乡，鹏程远大。改造旧面貌，我着先鞭。"他又写诗明志。一首名为《前途》

的诗写道："赤日炎炎辞荔城，前途茫茫事无分。男儿立下钢铁志，国计民生焕然新。"另一首名为《述志》："南雁北飞，去不思归？志在苍生，不顾安危。生不足惜，死不足悲。头颅热血，不朽永垂。"将自己比喻成一只即将北行的大雁，虽有留恋故里之情，但为了社稷苍生，舍生忘死，在所不惜。即使死了，也永垂不朽。一个胸怀天下苍生的少年，走出大山，走向了新的生活。

到了山东，邓恩铭给父母写了一封家信，信中写道："吾人欲图成一事，必经大艰难、大困苦，而后能达吾

中学时代的邓恩铭

人之目的。"反映了正值青春年华的邓恩铭，有远大理想，又具备了吃苦耐劳、不怕艰难的精神。

不断学习，坚定意志

1918 年，邓恩铭考入山东省立第一中学。求学期间，他如饥似渴地学习新知识。这时，北洋军阀执政，国内政治极其腐败，帝国主义和反动政府对人民残酷的剥削和压迫，引起邓恩铭强烈的愤慨。他时常自问："恩铭啊恩铭，你今天读书究竟是为了什么？"叔父给他的生活费，多半被用来买了书。平时，他经常去齐鲁书社，在那里他大量阅读介绍苏俄革命、宣传马克思主义的书刊，思想有了很大的飞跃。同时他还结识了一批志趣相投的伙伴，大家在不断的学习和交流中飞速成长，还组织成立了共产主义学会。为了能更好地宣传马克思主义，广泛吸收革命青年，邓恩铭与王尽美等同学在 1920 年 11 月成立了励新学会，还出版了《励新》半月刊。

1919 年五四运动爆发时，由于在济南学生运动中表现出色，邓恩铭的爱国情怀与组织能力得到了同学们的一致认可，他被大家推举为学生自治会负责人兼出版部部长。

邓恩铭（前排左四）与省立一中学生会第三期全体职员合影

山东早期的马克思主义思想传播主要是由王尽美与邓恩铭完成的，1920年底，两人就在济南成立了马克思学说研究会，1921年，济南共产党早期组织正式成立，邓恩铭与王尽美成为主要负责人。

1921年7月，20岁的邓恩铭和王尽美一同作为济南代表，参加了中国共产党第一次全国代表大会，而他也成为一大代表中年龄最小且唯一的少数民族代表（邓恩铭是水族人）。邓恩铭与毛泽东、董必武等其他代表一样成为中国共产党的创始人之一。这次大会更激起了邓恩铭为革命努力工作的坚定意志。

上海兴业路76号，中共一大会址。1921年7月23日，中国共产党第一次全国代表大会在此举行

历经磨难，至死不渝

党的一大结束后，邓恩铭回到山东继续投身马克思主义的传播，后来他还前往莫斯科参加会议，并受到了列宁的接见。

邓恩铭投身革命活动，是违背家人意愿的。他的叔父发现他参加革命活动，既惊又怕，极力阻挠，要他安分守己，求取功名，并且停止了对他的经济援助。他的父母期望他读书做官，光宗耀祖，便在家乡给他定了亲，来信催逼他回家结婚。邓恩铭在 1924 年 5 月 8 日的家信中写道："儿生性与人不同，最憎恶的是名与利，故有负双亲之期望，但所志既如此，亦无可如何。"

1925 年 11 月，邓恩铭因组织领导罢工被捕入狱。在狱中，他被重刑审讯，遍体鳞伤。此时他已患上了严重的肺结核，但始终咬紧牙关，不肯屈服。所幸当时他化名"黄伯云"，敌人并不知道他的真实身份，在两名当官的贵州同乡的担保下，邓恩铭得以"保外就医"。他叔父劝诫他："以后不得参与政事，只可悉心养病。"但刚能下床走动，邓恩铭便又进入学校、工厂，开展工作。

1926 年 6 月，邓恩铭再次秘密回到青岛，主持市委工作。当时国民党反动派大肆迫害进步人士，白色恐怖笼罩全国，但邓恩铭并没有被吓倒，而是继续在青岛等地活跃，向更多的人积极宣传马克思主义。

1928年12月，因为叛徒的出卖，邓恩铭等17位同志被敌人秘密抓捕，致使中共山东省委机关及各地党组织遭到严重破坏。在被捕前，邓恩铭曾通知负责党的秘密联络工作的同志毁掉重要文件并马上转移，他则为了保护和安置济南的一大批革命力量舍弃了个人安危，再次落入敌人手中。

起初，邓恩铭虽经多次被残酷审讯，但并未暴露。他主动担负起领导狱中斗争的艰苦重任，组织成立狱中党支部，有组织、有计划地开展狱中斗争。邓恩铭与狱中党员认真分析形势后，前后组织两次越狱。7月21日晚的第二次越狱，在邓恩铭的指挥下，难友们有计划地控制了两道大门，同敌人展开激烈搏斗，难友们伺机冲上大街，分路疏散。由于邓恩铭受刑过重，身体虚弱、行动困难，他被敌人捕回打入死牢。

1930年10月，国民党山东省政府主席韩复榘任命张苇村为审判长，审讯共产党人。由于张苇村是国民党元老，对邓恩铭十分熟悉，很快识出了化名"黄伯云"的邓恩铭，在审讯室里直呼"邓恩铭"。邓恩铭冷笑一声，捋了一把杂乱的头发，昂首说道："是，我就是中国共产党党员邓恩铭！"

这一次，邓恩铭预感到敌人不会再善罢甘休，他在狱中写给母亲的遗书中留下诀别诗："卅一年华转瞬间，壮志未酬奈何天。不惜唯我身先死，后继频频慰九泉。"1931年4月5日，邓恩铭和其他21位战友被敌人押到刑场，他们义无反顾，高呼"打倒帝国主义！""打倒反动军阀！""中国共产党万岁！"，慷慨就义。

邓恩铭怀抱着救中国人民于水火的伟大志愿，为党组织的建立和发展、为革命事业作出了重要贡献。这位有着钢铁般意志的年轻人，用一腔热血生动诠释了共产党人严守党纪、宁死不屈的伟大品格，他的精神值得后辈永远铭记！

四五烈士纪念碑（山东济南槐荫广场）

刘江：把科研论文写在"玉米大豆"试验田

人物档案

刘江 （1986— ）

四川农业大学生命科学学院副院长、教授、博士生导师。曾获中国作物科技奖、四川省科技进步一等奖，2023年"中国青年五四奖章"获得者。

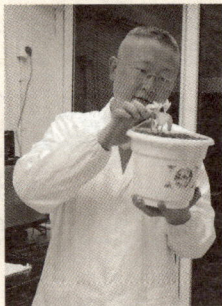

人物心语

科学没有国界，但科学家有祖国。我鼓励学生积极参加"青年马克思主义者培养工程"等党团组织思政教育，提升政治素养，厚植家国情怀，以"兴中华之农事"为己任，把个人理想和国家前途、民族复兴紧密结合起来。

复兴印记

在刘江看来，农学研究是"立地顶天"的工作。"立地"，因为它涉及百姓手中的饭碗，深深扎进祖国的沃土；"顶天"，因为它事关国家农业战略，关乎我国粮食自给问题。刘江把大豆的科研论文写在试验田上，专心致志做国家最急需、对人民最有价值的工作，让个人事业与国家发展同频共振。

人物春秋

说到农业，人们会想到"面朝黄土背朝天"，想到"锄禾日当午，汗滴禾下土"，辛苦与土气并存，这令很多人望而生畏。然而刘江却不这么看，他胸怀"国之大者"，锚定国家农业战略急需，投身农业科研，尽己所能发光发热。他是把科研论文写在"玉米大豆"试验田上的人。

抉择：从药学研究到农业科研

与众多农业科研工作者不同，刘江的科研路其实并非"一农到底"。他在中国取得医学学士、农学硕士后，又到日本留学攻读药学博士。他的专业方向是天然药物化学研究，回国后进入制药公司、药物科研等工作单位顺理成章。

2013 年，刘江在日本即将毕业时，回国参加一场学术报告，听到了四川农业大学教授杨文钰的发言。杨教授在分享自己学术观点时讲了这样一段话："研究选题一定要锚定国家的战略需要，国家需要什么就去研究什么，这样才有价值。尤其中国是发展中国家，是农业大国，作为农业领域的科技人员，首先要以解决国家瓶颈问题为导向。永远不要为了发论文而发论文，解决问题远比发表论文更重要。"

杨教授对农业科研的深切热爱感动了刘江。听了杨教授的演讲，刘江心中产生了想要为中国"三农"事业尽一份力的极大热情。在杨文钰教授的感召下，刘江毅然放弃了深耕多年的药物研究，全身心投入大豆栽培科研。

来学校入职前，学校领导也问刘江："你的专业背景似乎与作物栽培学不相符合，你对未来的发展作何考虑？"刘江很肯定地回答："我将努力在大豆栽培研究中发挥专业所长，为团队的融合发展贡献力量。"

刘江与他栽培的大豆

攻坚:"大豆玉米带状复合种植"
新技术带来的新突破

从药学转到农学,刘江的转型过程很痛苦。他一开始并没有摆脱之前的思维惯性,自然地就想要复制在日本留学期间的实验室模式,直接对大豆进行天然药物化学成分分析。但很快他意识到,大豆并不适合闷在实验室里,它需要接地气,而他自己必须要走出实验室,踏上土地田间。

国内耕地面积有限,同为旱地作物的玉米和大豆有很突出的"争地矛盾"。这是一个必须解决的问题。

刘江将课堂搬到田间,为学生讲解大豆玉米带状复合种植技术

在团队的不懈努力下，终于研发出"大豆玉米带状复合种植"新技术。在玉米不减产的情况下，每亩还能多收 100 多公斤大豆，相当于 1 亩地产出了 1.5 亩地的粮食。

刘江主导研究完成的这一国家级科技成果，连续几年被写入中央一号文件，成为国家大豆和油料产能提升工程的首推技术，为解决长期困扰我国粮油安全的玉米大豆争地矛盾，提供了切实可行的方案。刘江计算，按照 2022 年大豆自给率增长的速度，再用 5 到 10 年，国产大豆危机将逐步得到有效缓解。

2022 年，该技术在全国 16 个省份大面积推广，达1872 万余亩。2023 年，全国推广大豆玉米带状复合种植的目标任务是 2000 万亩。为此，刘江和团队成员采取分片包干的方式，每人负责相应的推广示范区域，在种、管、收等关键阶段到示范区蹲点开展技术指导。

刘江蹲点指导的是湖南省，推广目标为 106 万亩。刘江走进田间地头，与当地农业部门、种植大户沟通交流，进行技术指导。

坚守：农学是"立地顶天"的工作

在研发过程中，刘江和团队成员也曾经历从满怀信心到看到大豆几乎绝收的窘境，从农民满心敬重的专家到口中的"歪专家"，团队一度陷入低谷。在最孤独、最困难的时候，他们选择坚守，顶烈日、下大田、做试验、采数据……历经了无数次失败，他们才研发出新技术，成为保障国家粮食安全的重要技术支撑。刘江说："耐得住寂寞、守得住清贫，不怕挫折、勇攀高峰，才最终把'冷板凳'坐出了'热效应'。"

刘江在田间讲解大豆玉米带状复合种植技术

2020 年新冠疫情的到来给刘江带来了极大的影响。当时他所负责的崇州试验基地正处在建设关键期，但疫情使得很多学生和工作人员无法到位，而春播季节又不等人。于是刘江就带着身边的学生埋头苦干，高强度地连续劳动了半个多月。为抢农时，他们白天旋耕、除草、施肥，晚上开车灯灌溉，经常忙到很晚，有人开玩笑称刘江是"刘半夜"。

刘江在田间

　　除了技术研发艰辛，推动技术成果落地也不是一件容易的事，面对农民长期以来形成的传统观念和种植习惯，刘江带领团队采用分片包干的办法，每个人负责几个示范点，在播种、管理等关键阶段进行蹲点指导，简单来说就是"蹲在地里看着农民种"。这些对于刘江来说已经习以为常，头顶烈日、脚踩泥土就是家常便饭，他觉得这是难得的机会，用他的话来说就是："经常到田间地头去，看到阳光明媚，感受到物阜民丰，心胸打开了，眼界打开了，有一种朝气蓬勃的力量，比起单纯地在实验室搞研究，精神面貌更好。"

　　在刘江看来，农学研究是"立地顶天"的工作。农业似乎很"土"，要在田间地头解决问题，研究服务于生产一线，关注三餐四季，关乎物阜民丰。但农业也很"高大上"，阐释产业问题背后的生物学原理，探索生命本源，揭示生命奥秘，感受生命之美。他也有更美好的期待："未来，希望通过大幅提高大豆产能，摆脱进口大豆束缚，让中国人的饭碗端得更牢靠。"

涵养浩然气

　　心有所往，行有所归。志越大，一个人前进便越有动力；志越坚，一个人的浩然之气便越充足。志气，在屈原那里是"路漫漫其修远兮，吾将上下而求索"，在李白那里是"大鹏一日同风起，扶摇直上九万里"，在杜甫那里是"致君尧舜上，再使风俗淳"，在范仲淹那里是"先天下之忧而忧，后天下之乐而乐"……而在中国共产党这里，便是"为中国人民谋幸福，为中华民族谋复兴"。

　　青年的理想关乎国家未来，青年的行动关乎国家命运。新时代的中国青年要牢筑马克思主义崇高信仰，树立投身中华民族伟大复兴中国梦的雄心，积极投入社会主义现代化强国的实践，把个人理想融入到国家和民族事业之中，矢志不渝，终身奋斗，实现人生价值，成就不朽功业。

2020 年 6 月 27 日，习近平总书记在给复旦大学《共产党宣言》展示馆党员志愿服务队全体队员的回信中说："心有所信，方能行远。面向未来，走好新时代的长征路，我们更需要坚定理想信念、矢志拼搏奋斗。希望广大党员特别是青年党员认真学习马克思主义理论，结合学习党史、新中国史、改革开放史、社会主义发展史，在学思践悟中坚定理想信念，在奋发有为中践行初心使命，努力为实现'两个一百年'奋斗目标、实现中华民族伟大复兴的中国梦贡献智慧和力量。"

力学笃行

❶ 你如何理解"心有所信，方能行远"？你的心中所信是什么？

🎤 _____

❷ 习近平总书记的回信中提到"学史"，你觉得"学史"与立志之间存在怎样的联系？

🎤 _____

硬骨气

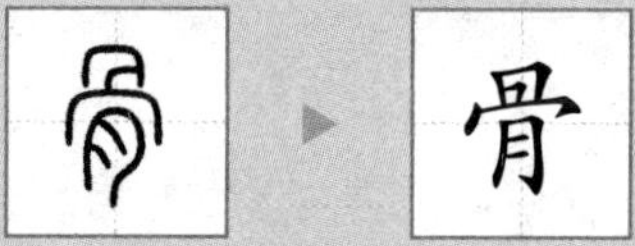

小篆　　楷书

“骨”字是一个会意字。上为“冎（guǎ）”，下为“肉”。“冎”的甲骨文写作“”，小篆逐渐演变为“”，这是一个象形字，为骨架的形状。“肉”的甲骨文写作“”，像一块肉横放着，小篆逐渐演变为“”，楷书与“月”同形。骨在肉中，是身体的支撑。骨气用来形容一个人刚强不屈的人格及操守，是一个人永葆初心的钢铁长城。

骨气与意志相联。一个人如果没有骨气，就容易丧失原则、动摇定力；一个民族如果没有骨气，就无法屹立于世界民族之林。中华民族历来崇尚有骨气之人。习近平总书记引用"人生天地间，长路有险夷""栉风沐雨、淬火成钢"，概括了中国共产党在百年艰难历程中，练就了不惧风雨、不畏险阻、敢于斗争、敢于胜利、埋头苦干、勇毅前行的风骨和品质。这些充满刚毅气度的典故告诉我们：要实现人生的志向和价值，就要以刚强不屈的气概、顽强不屈的意志坚守志向，保持铮铮铁骨、崇高气节。

第一节

栉风沐雨，淬火成钢

好/好/学/习

　　百年栉风沐雨、淬火成钢，特别是新时代 10 年革命性锻造，中国共产党更加坚强有力、更加充满活力。

　　——2022 年 10 月 23 日，习近平在二十届中央政治局常委同中外记者见面时的讲话

学典明理

原典诵读

　　禹亲自操橐耜①而九杂②天下之川，腓③无胈，胫无毛，沐甚雨④，栉⑤疾风，置万国。

——《庄子·杂篇·天下》（战国·庄周）

　　凡熟铁、钢铁已经炉锤，水火未济，其质未坚。乘其出火之时，入清水淬⑥之，名曰健钢、健铁。言乎未健之时，为钢为铁，弱性犹存也。

——《天工开物·锤锻第十》（明·宋应星）

　　①橐耜（tuó sì）：橐，盛土器。耜，翻土农具。②九（jiū）杂：九，通"鸠"，聚合。杂，集。③腓（féi）：俗称小腿肚子。④甚雨：骤雨。⑤栉（zhì）：梳头发。⑥淬：锻造时，将金属烧红后浸入水中，急速冷却，以增加硬度。

现代释义

　　大禹亲自拿着农具劳作，汇合天下的河川。因为劳作辛苦，小腿肚子上都没有肌肉了，腿上的汗毛也都磨光了，整日以雨洗头，以风梳发，就这样终于使天下安定下来。

　　凡是熟铁或者钢铁烧红锤锻之后，由于水火还未完全交互作用，因此质地还不够坚韧。趁它们出炉时将其放进清水里淬火，这便是人们所说的"健钢"和"健铁"。这就是说，在钢铁淬火之前，它在性质上还是软弱的。

✏️ **字里有乾坤**

淬 字的演变过程

 ▶ ▶

小篆　　　　隶书　　　　楷书

　　"淬"为形声字，本义指盛水以供淬火的器具。钢铁经过火烧和锤打之后，还不够坚硬，必须把炽热的钢铁放在冷水之中急速冷却，这便是淬火。淬火是锻造的最后一道工序，也是至关重要的一道工序，经过淬炼的钢铁性能会更坚韧。淬火又引申为磨砺、勉励的意思，比如淬磨、淬勉、淬励。

　　经过火的烧灼，又经过水的冷却，然后钢铁的柔弱之性才彻底消除，成为"健钢健铁"。这就是"水火既济"。我们的人生也是如此，必然要经过种种淬炼，我们才能具备不屈的精神，能勇敢面对更多的挫折困难、风险挑战，变得越发坚韧。孟子说："天将降大任于是人也，必先苦其心志，劳其筋骨，饿其体肤，空乏其身，行拂乱其所为，所以动心忍性，曾益其所不能。"这就是环境对人的淬炼。

古为今鉴

荆轲：忠肝义胆硬骨行

战国时期，是中国历史上继春秋之后的大变革时期，前后持续两百多年。当时，燕国太子丹与秦国嬴政年少时期都在赵国做人质，彼此交好。后来，嬴政被立为秦王，但太子丹却被派往秦国做了一段时间人质。这时，嬴政对待太子丹很不友好，致使太子丹心生怨恨。

嬴政当政后，秦国频频出兵侵吞各诸侯国。战火将波及燕国，燕国君臣纷纷寻求救国之方。当时，侠士田光隐居在燕国。此时已回国的太子丹邀田光谋刺秦王，田光自辞衰老，遂荐挚友荆轲。太子丹答应了，他提醒田光："今天我与先生所谈，都是国之大事，先生千万不要泄露。"

田光急见荆轲，告诉他太子丹抗秦卫燕的大计，以及自己推荐他的事。荆轲豪爽地答应了。田光叹息着说："我听说长者不会让人怀疑自己，今天太子嘱咐我不要泄露机密，这是怀疑我田光。人们叫我'节侠'，看来我配不上啊！"田光要用自己的死激励荆轲，他说："希望你立即去见太子，就说我已经死了。"说完，田光毅

太子及宾客知其事者，皆白衣冠以送之。至易水之上，既祖，取道，高渐离击筑，荆轲和而歌，为变徵之声，士皆垂泪涕泣。又前而为歌曰："风萧萧兮易水寒，壮士一去兮不复还！"复为羽声慷慨，士皆瞋目，发尽上指冠。于是荆轲就车而去，终已不顾。

——《史记》

然拔剑自刎。荆轲决定誓死完成救国大事。

荆轲找到太子丹，告诉他田光已死。太子丹痛哭流涕。荆轲向太子丹要樊於期的头颅和燕国督亢的版图呈现给秦王，以找机会下手。原来，太子丹曾经收留逃到燕国的旧友——秦将樊於期，当时秦王以千金之赏、万户之封来换取樊於期的头颅。太子丹说："樊将军到了穷途末路才来投奔我，我不忍心以自己私利而伤害长者的心，希望你考虑别的办法吧！"

荆轲自己去见了樊於期，告诉他想借人头以刺杀秦王。樊於期听了，当即起身拔剑自刎，献出了自己的首级。太子丹听到这个消息，驾车奔驰前往，伏尸痛哭，把樊於期的首级装到匣子里密封起来。

太子丹及宾客们穿着白衣戴着白帽，到易水边为荆轲饯行。荆轲唱道："风萧萧兮易水寒，壮士一去兮不复还！"随后上车，头也不回地离去了。

荆轲见到秦王后，图穷匕见，一场短兵相接的搏斗在大殿上展开。荆轲寡不敌众，倚在柱子上骂道："今天所以大事不成，是因为我想活捉你，逼你立下退还诸侯土地、停止进攻他国的协议，以报答燕太子丹对我的知遇之恩。"随后，大殿里的卫士将荆轲杀死。

"典"亮百年梦

"栉风沐雨、淬火成钢",说的是一个人、一个国家、一个民族,必须经过艰难困苦,才能铸就风骨,成就事业。

荆轲经历的淬炼,有来自当时国家间的风云际会,有来自太子丹的重托,有来自田光、樊於期的骨与血,两人的忠肝义胆对他是最好的激励……所有这些因缘,铸就了荆轲的铮铮铁骨,浩然正气,明知前途无回路,却甘死一搏。冰与火的淬炼让荆轲舍生取义,他的故事为后世传颂不断,流波余响,足以震撼人心。

习近平总书记强调:"共产党人任何时候都要有不信邪、不怕鬼、不当软骨头的风骨、气节、胆魄。""风雨浸衣骨更硬,野菜充饥志越坚"的红军战士,"宁肯少活二十年,拼命也要拿下大油田"的王进喜,"生也沙丘,死也沙丘"的焦裕禄,"宁洒热血,不失寸土"的新时代卫国戍边英雄官兵,"疫情不退我不退"的最美逆行者,都是共产党人讲风骨、重气节、崇胆魄的集中体现。历史和实践都表明,一部中国共产党的发展史,就是一部"栉风沐雨、淬火成钢"的发展史。

一代人有一代人的长征,一代人有一代人的担当。

革命战争年代青年不怕牺牲、不畏强敌的铁骨，建设年代青年披荆斩棘、迎难而上的风骨，改革开放新时期青年敢为人先、只争朝夕的傲骨，都是当代青年增强骨气的不竭动力。我们要以前人为榜样，以苦为师，骨正风清，傲然前行。

一路走来，中国共产党以不怕牺牲、英勇斗争的血脉基因，锻造了中国共产党的硬骨头。开国上将贺炳炎，粉骨碎身浑不怕。"钢钉连长"孙金龙，身如钢铁心更坚。在信念面前，任何困难都不能阻挡他们前进的脚步，不能挫伤他们为国而战的不屈精神。

榜样在召唤

贺炳炎：共产党人的"硬骨头"

人物档案

贺炳炎 （1913—1960）

中国人民解放军高级将领，上将军衔，一级八一勋章、一级独立自由勋章和一级解放勋章获得者。

人物心语

反正我要当红军，替穷苦人打抱不平。

复兴印记

　　长征途中，新编第五师师长贺炳炎右臂负重伤，必须马上截肢。没有麻药，手术也只能用木工锯子……这就是当时的手术条件。在最简陋的地方，见证伟大的英雄；以最直接的方式，锻造坚不可摧的硬骨。

人物春秋

在我军历史上，曾涌现出一批威震敌胆的刀客将领。除了"大刀敢死队长"许世友、"秦大刀"秦基伟之外，还有一位威名赫赫的"独臂刀王"贺炳炎。他曾被毛主席称赞为"独臂将军"，特许免敬军礼，是共产党人硬骨头最好的代表之一。

秉性刚烈，决心革命

1913 年，贺炳炎出生于湖北省松滋市一个普通的农家，小时候跟着父亲在煤矿背煤，学过杀猪、打铁等多种手艺。贺炳炎是个秉性刚烈的孩子，有正义感。每次遇贫苦人家的孩子受人欺负，他总要冲上去挥拳相助，打抱不平。

1928 年，父亲参加了中国工农红军。15 岁的贺炳炎也想跟着加入，但父亲觉得他个子小、力气小，可能会给队伍带来麻烦，便拒绝了他。

贺炳炎当红军的梦并没有熄灭。1929 年春，他偷偷找到父亲所在的队伍，再次要求父亲带他参加红军。父亲看着他瘦小的身体，再次摇了摇头。贺炳炎不服气，他觉得自己完全可以当红军，替穷苦人打抱不平。他无论如何就是不走，梗着脖子和父亲争辩。

贺炳炎塑像

这时，贺龙正从这里经过。他问明情况之后，被贺炳炎感动了，便对身边的同志说："收下，收下，派到宣传部去提糨糊桶子吧！"

贺炳炎一开始做喂马、送信的工作，谁也预料不到，这位小战士就此开启了自己不平凡的革命生涯。

当时国民党反动武装疯狂地进攻，企图将革命扼杀在摇篮中。国共两党的战斗十分频繁，几乎每天都在行军打仗。

由于贺炳炎自小学过刀法，常练不辍，日臻纯熟，这在战斗时发挥了重要的作用。他手握一把刀独自冲进敌阵，一顿砍杀，令敌人闻风丧胆。红军中的同志纷纷称赞他和贺龙有一拼，亲切地称呼他为"贺小龙"。

作战勇猛，胆识过人

1929 年，贺炳炎加入中国共产党。从此之后他的意志更加坚定，战斗更加勇猛了。

有一次，红军与白军作战。激战中，担任警卫班长的贺炳炎被贺龙派去红六师传令，要求红六师从敌人侧后方发起猛攻。一时间敌人被前后夹击，很快败下阵来，然而直到战斗结束，去传令的贺炳炎都没有回来。

　　贺龙连忙派人去寻找，找人的人还没回来，贺炳炎就押着几十个俘虏回来了。原来，传完令后，贺炳炎看着打得起劲的战友自己也热血沸腾，从地上捡起几颗手榴弹别在腰上，提着大刀就抄小路去追赶四散奔逃的敌军。

　　在一个土坡下面，贺炳炎遇到了几十个正撤退的敌人。他一手紧握大刀，一手高举手榴弹喊道："缴枪不杀，红军优待俘虏。"敌军一下子被震慑住了。

　　贺炳炎要求敌人把枪放在一个干水塘的塘埂上，并让他们在干水塘里集合。

　　一个敌军军官很快缓过神来，他发现贺炳炎只有一个人，还是个半大的孩子，立刻举枪向贺炳炎射击。贺炳炎一个翻滚来到敌人面前，直接一刀撂倒了开枪的敌人。

　　剩下的敌人当下想跑，贺炳炎一颗手榴弹丢了过去，一声炸响直接镇住了所有敌人，他们直接趴在了地上大喊："我们投降！我们缴枪！"就这样，贺炳炎一个人带回了 47 名俘虏。

　　经过这一仗，贺炳炎声名大噪。没过多久，他被任命为湘鄂西红军第三军手枪大队大队长，后来还担任了骑兵大队长。有一次，骑兵大队偷袭空城缴获一批战马。

撤退后，贺炳炎发现少了司务长。他立刻单枪匹马回城寻找，就在敌军已经回城的紧急情况下，他在城中一路飞马，走街串巷四处搜寻，终于在一个店面门口发现了司务长，他一把捞起人放在马背上接着又飞奔出城。半路遇到敌人阻拦，他挥舞大刀奋勇砍杀，最终杀出重围。由此，贺炳炎也被誉为"红军中的赵子龙"。

凭借着"万夫不当之勇"，贺炳炎经常打头阵，尽管先后负伤11次。他笑笑说："敌人的子弹没劲，打在身上软塌塌的，没什么了不起！"他还经常在战场上以命相搏，勇猛无比，以至于但凡遇到险仗、恶仗，贺龙都习惯喊一句："贺炳炎，上！"

独臂将军，继续战斗

1935年12月21日，红军与国民党正规军在瓦屋塘展开战斗，红军的先头部队是红二军团的新编第五师，师长就是贺炳炎。在机枪掩护下，贺炳炎率领部队迎着敌人的枪林弹雨不停往前冲。

一位战士发现贺炳炎用左手举枪射击，而右手臂整个衣袖鲜血淋淋，他立刻冲到贺炳炎身边，大喊："快来抬师长！快来抬师长！"卫生员闻讯连忙冲过来要给贺炳炎包扎，但是他说什么也不同意，继续坚持战斗。

直到战斗取得胜利，贺炳炎才倒在了阵地上。经检查发现，他整个右臂都被炸成肉泥，骨头全碎了，只剩下一点皮连着肩膀，必须锯掉胳膊才能保住性命。

当时仅有的一点医疗器械已经被转移，医生从当地老乡那里找来一把锯子，在开水中煮了一个小时进行消毒。然而有了器械，医生却又找不到麻醉药。

为了保住贺炳炎的性命，医生只得让战士按住还处于昏迷状态的贺炳炎，在他眼睛上蒙上一条毛巾，接着就开始锯了起来。锯到一半，贺炳炎疼醒了。看他大汗淋漓、面色苍白的样子，医生的手开始发抖，不敢使劲。贺炳炎却说："我自己都不怕，你还怕什么？来吧！"说完，他就把毛巾咬在嘴里，闭上眼睛。这场手术历经两个多小时。结束后，毛巾已经被贺炳炎咬得稀烂。

贺龙看着因为剧痛而大汗淋漓的贺炳炎，很是心疼，而贺炳炎问道："总指挥，我以后还能打仗吗？"

贺龙紧紧握住贺炳炎的左手，肯定地说："你还有一只手嘛！只要我贺龙在，就有你贺炳炎的仗打！"

贺炳炎更紧地抓着贺龙的手，说："老总，我的胳臂没了一只，但是我的心还在，我一定要继续坚持下去，继续跟老蒋干！"

贺龙则特地要了两块锯下的碎骨头用布包起来，他时常拿出来教育干部、激励部队："看看，这就是贺炳炎的骨头，这就是共产党人的骨头啊！"

（左起）贺炳炎、贺龙、彭绍辉在一起

1937 年 7 月 7 日，日军挑起卢沟桥事变，中国人民全面抗日战争爆发。当年 10 月，贺炳炎奉命在雁门关伏击日军。接到命令后，贺炳炎率领部队经过 3 天急行到达雁门关西南方的秦庄和王庄。在接下来的雁门关伏击战中，贺炳炎独臂挥舞着大刀，带领战士们向日军扑去。最后，贺炳炎率部歼灭日军 500 多人，击毁车辆 30 多辆，打破了"日军不可战胜"的神话。贺炳炎单手挥刀的英雄气概令日军心胆俱裂，一时间名震天下！

1960 年 7 月 1 日，贺炳炎溘然辞世，成为共和国第一位离世的上将。在长期的革命战争中，这位独臂将军立下了卓著功勋，成为受我军崇敬、令敌人胆寒的杰出将领。

孙金龙：
"济南英雄连"的"钢钉连长"

人物档案

孙金龙 （1990— ）

中共二十大代表，陆军第四届"四有"新时代革命军人标兵、2022年"新时代王杰式好战士"标兵，2023年"最美新时代革命军人"称号、2023年"中国青年五四奖章"获得者。

人物心语

在我的军旅生涯中，失败比成功要多得多，只要不放弃，一步一步走下去，就会实现更多的价值……当祖国和人民受到威胁时，只要一声令下，我们就能上得去、打得赢！

复兴印记

2020 年夏天，南方多地遭遇特大洪水。肩头被植入钢钉的"济南英雄连"连长孙金龙在出院后第 5 天，就参加抗洪抢险任务，他被战士们称为"钢钉连长"。孙金龙很喜欢这个称呼，他说，他想把自己锻造成一颗"钢钉"。

人物春秋

孙金龙是第七十一集团军某合成旅"济南英雄连"原连长。在这支被誉为"济南英雄连"的荣誉连队，孙金龙带领官兵延续"争任务、争第一、争头功"传统，续写了属于当代官兵的荣光。

追随英雄，坚定信仰

孙金龙出生在昆嵛山以西的山东省莱阳市。小时候，由于家在部队营区旁，他从小就听着军号声、军歌声长大。穿绿军装、背冲锋枪、开坦克是孙金龙儿时的梦想。

高中毕业时，孙金龙观看了一部电影，叫作《马石山十勇士》，展现的是抗日战争时期十名八路军战士为保护群众壮烈牺牲的故事。孙金龙内心深受触动，他毅然放弃升学，报名参军。

孙金龙入伍后，进入的是"济南第一团"。这是一支具有辉煌战绩、光荣传统的英雄部队。1948年在济南战役中，当时的第九纵队第二十五师第七十三团七连率先攻破内城，被中央军委授予"济南第一团"的荣誉称号。此后，这支英雄部队在大小战斗中先后涌现出"济南英雄连""老山作战坚守英雄连""马石山十勇士"等56

个英模集体和 190 余名英雄个人。岁月流转，"争任务、争第一、争头功"的"三争"精神融入这支队伍的血脉，在一代代官兵中传承。

然而，初到军营，身形瘦小的孙金龙几次体能考核都垫底，他急得晚上睡不着觉。有一次参观旅史馆，孙金龙发现，过去的那些英雄，并非与生俱来就是英雄，而是在数不清的大小战斗中磨砺出来的。支撑英雄们一往无前的，是在党的旗帜指引下，为祖国解放、为人民幸福而奋斗的钢铁信仰。这样的信仰激励着孙金龙，让他将超越自我、走向卓越的个人追求融入强军梦想。

从那之后，孙金龙不再沮丧气馁，开启了日夜兼程的奋斗。在河北邢台度过新兵连三个月，他所有训练都穿着沙背心、沙绑腿。每天提前起床去冲坡，中午不睡觉去拉单杠，晚上则摸黑训练力量……虽然是冬天，但孙金龙的作训服每天都会湿透。他的训练成绩很快迎头赶上。

在结业考核中，孙金龙仅用 9 分 40 秒就跑完 3 公里，其他各项课目也达到优秀以上，被评为训练标兵。

孙金龙（右）与战士一起进行课目训练

在"三争"精神下成长

在军旅生涯中，孙金龙见任务就上，见红旗就扛，见第一就争。对孙金龙而言，为战，是他从军的唯一使命；练战，是他履职的本分本能；胜战，是他追求的终极目标。从战士到干部，从国内到国外，孙金龙一路都在拼，和自己拼、和对手拼、和纪录拼，拼出了青春无悔，拼出了铁血荣光。

2009 年，军区组织一次四百米障碍比武。全旅选拔赛总排名第二的孙金龙在军区选拔考核前一天突发近 40

孙金龙在组织训练

摄氏度的高烧。第二天，他不顾战友们的阻拦，坚持参赛。

比赛时孙金龙步伐散乱，一路摔倒十几次，手肘和膝盖部位的迷彩服都渗出了血，但孙金龙一直咬牙坚持，从未想过中途放弃。孙金龙说："解放济南时，先辈们从十多米高的城墙跳下，他们是我心里的英雄，革命军人一不怕苦，二不怕死，我在赛场流些血不算什么！"

2010年，孙金龙参加军区特种射击选拔集训，因为成绩不理想而被淘汰了。孙金龙本应回归连队，但他不甘心，他找到集训教练，说想留在训练场帮忙，趁机向他人多学些。

教练被孙金龙的热情感动，便将他留了下来。就这样，在接下来的每一天，孙金龙给其他人当靶子、设置场地。别人射击时，孙金龙就在旁边端着挂了砖头的枪，练习稳定性；别人练习完了，他就虚心去请教经验。如果当天队员们的射击成绩比较好，他就用多出来的三五颗子弹练习射击。就这样，孙金龙学会了很多射击技术。

等到第二年，军区再次组织特种射击比赛，孙金龙一举夺得特种射击课目第一名。

孙金龙（前左）和战士进行枪支分解结合竞赛

　　不只是在比武场上，在其他"战场"，孙金龙也一样敢拼。2012 年，具备提干条件的孙金龙参加考试却名落孙山。他在收拾营房仓库时发现了一支磨损严重的钢笔，上面刻着"Just do it（去拼）"。从班长那里，他了解到这是上一届考学提干的战士留下的。那一瞬间，孙金龙仿佛看到了战友努力学习的身影，他下决心在学习上也拼一把。经过一年的埋头苦读，他以第一名的成绩被保送提干。

　　2016 年，孙金龙赴澳大利亚参加国际陆军轻武器技能大赛，与来自 18 个国家的 21 支代表队激烈角逐。

在前期训练阶段，为拥有一双"火眼金睛"，孙金龙每天顶着烈风、迎着强光练习瞄准，他能紧盯目标3分钟不眨眼、不流泪。出枪、瞄准、击发……在成千上万次的强化中形成肌肉记忆。

在进行越障射击训练时，孙金龙的右脚脚踝严重扭伤。医生建议他退赛，他却找医生要来绷带，狠狠勒住受伤的脚踝，穿上战靴，继续战斗。跪姿射击时，右脚疼得跪不下来，他就逼着自己改用左脚，每天加时训练，就连吃饭都跪着左脚。在十天时间里，孙金龙每天都有十二个小时以上在练习左腿跪姿。他逐渐掌握了新姿势的要领。最终，孙金龙与团队斩获3金4银和1枚荣誉奖章，让五星红旗在国际赛场高高飘扬。

从优秀的单兵，到优秀的连长

2019年，孙金龙被任命为"济南英雄连"连长。"济南英雄连"是响当当的英雄连队，担任该连连长，既是荣誉，也是考验。

作为连长，孙金龙是全连官兵身边的榜样。有一项课目是射手专业"快速瞄准、精确击发"训练，孙金龙原来当侦察兵时没有练过。他在考核前自己练习，仅用两天时间就从零练到优秀水平。一般人练习到这个程度，至少要一周甚至半个月。战士们惊讶地向他请教诀窍时，孙金龙摊开双手，大家这才发现，孙金龙因为训练强度太大，手掌心已被训练器械手柄磨烂多处。

在"济南英雄连"，每年新战士下连，都会在指导员带领下参观连史馆，听连长讲连史。孙金龙用一周时间熟记连史，深感连史是思想营养剂，一定要让全连官兵在连史感召下，继续发扬"攻坚争先、敢打硬拼、永不服输"的光荣传统。孙金龙讲连史，是"吼"的。讲到"马石山十勇士"为民牺牲、血染马石山的英烈事迹时，他激情澎湃，饱含深情，全连官兵无不为之动容。

一次，旅队要进行共同课目抽选示范。战士们休息时闲聊："可别抽到我们，万一失误就丢人啦。"也有人觉得，被抽到还要加紧训练，太累。孙金龙刚好路过，没说什么就走了。晚点名时，他再次讲起旅队"三争"精神的内涵和由来，而后说："抽选到我们，是光荣！如果抽选到我们，就展现我们的实力，争第一！"

在他的感召下，"济南英雄连"官兵的精神面貌得到进一步提振。面对紧急任务，他们愿意牺牲午休时间进行训练，目的就是争第一。孙金龙常说："党史、军史、团史、连史是我们前行路上的信仰基石，我们要把连史馆里的荣誉旗装进心里，争当英雄传人，做新时代合格军人。"

孙金龙（左一）在连队荣誉室为战士们讲解连队光荣传统

　　2020 年 7 月，南方多地遭遇特大洪水。江西九江告急，鄱阳湖水涨至警戒水位。连队接到抗洪抢险任务，驰援灾区。当时孙金龙因为旧伤复发，刚做完手术在左肩植入一枚 3 厘米长的钢钉。尽管家人担忧、医生劝阻，但孙金龙还是提前出院归队，在出院后第 5 天，他就奔赴抗洪一线。

　　在抗洪最前线，孙金龙既是指挥员，又是战斗员。他完全顾不上伤痛，左肩有钢钉没法用力，他就用右肩扛沙袋；夜里不能躺下睡觉，他就靠在墙上眯一会儿；伤口疼得实在受不了，他就悄悄吃一片止疼片。看到连长在堤坝上这么拼，官兵们深受鼓舞，干劲满满，大家连续奋战，高标准完成了抢险任务。"济南英雄连"因此荣立了集体二等功，孙金龙也被战友们称为"钢钉连长"。

作为中国共产党第二十次全国代表大会代表，孙金龙自信而庄严地向全国人民承诺："面对未来战场、面对使命任务，作为新时代革命军人，我们有信心、有决心、有能力战胜一切艰难险阻，战胜一切强劲对手！"

人生天地间，长路有险夷

好/好/学/习

　　"人生天地间，长路有险夷。"世界上没有哪个党像我们这样，遭遇过如此多的艰难险阻，经历过如此多的生死考验，付出过如此多的惨烈牺牲。一百年来，在应对各种困难挑战中，我们党锤炼了不畏强敌、不惧风险、敢于斗争、勇于胜利的风骨和品质。

　　——2021 年 2 月 20 日，习近平在党史学习教育动员大会上的讲话

学典明理

原典诵读

人生天地间，长路有险夷。遇险即欲避，安得皆通逵①？

——《临汾李氏任运堂二首》（其一）（金·元好问）

①逵：四通八达的道路。

现代释义

人生在天地之间，漫漫长路既有坦途也有险阻。如果一遇到困难就想逃避，去哪里寻找四通八达的平坦大路呢？

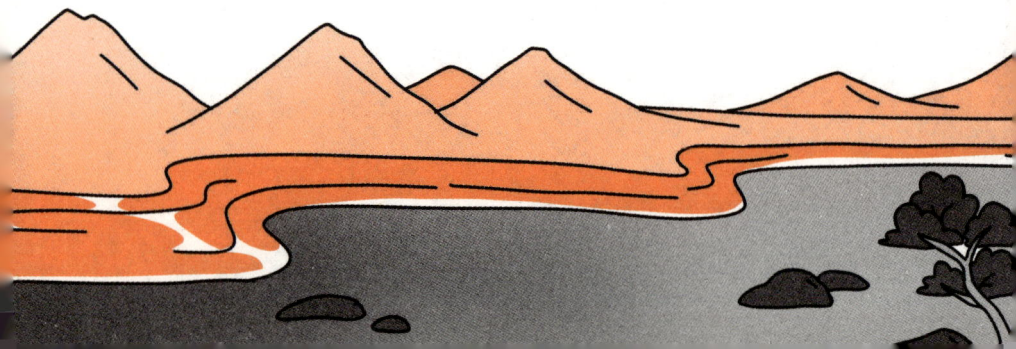

字里有乾坤

长 字的演变过程

 ▶ ▶ ▶

甲骨文　　　金文　　　小篆　　　隶书

▼

楷书

"长"字的甲骨文像一个挂着拐杖的长发老人。本义是长者、老人。又从长发引申为长短之长。

长路漫漫，有坦途，也有崎岖泥泞。无论处于什么路，我们都应该崇尚精神，完善人格，成就风骨。

古为今鉴

李秀：代父统兵的忠烈夫人

晋武帝司马炎太康五年（284 年），大将李毅被任命为南夷校尉，持节统兵镇守南中，统领 58 部夷族。到任后，李毅平定毛诜等人的叛乱。朝廷因此重新设置宁州（统辖今云南大部，治所在今云南昆明市晋宁区东），李毅又被任命为宁州刺史，加号龙骧将军，封爵成都县侯。

后来，夷人大举造反，攻陷了郡县。宁州又遭遇连续数年的灾荒，传染病流行，死者以十万计，官民流散。夷人趁机包围了宁州城。李毅身患疾病不能督战，救援的道路已经断绝，于是他给朝廷上疏求援："我不能制止强盗作恶，只好坐等一死。如果朝廷不能体谅救济，我请求派来大使：若我还活着，就对我施以重刑；如果我已经死了，就对我施以戮尸惩罚。"但朝廷没有答复。李毅因病情加重去世。

李毅死后，晋军节节败退，夷人直逼宁州城下，宁州城被团团围住。此时，内无粮草，外无救兵，形势万

毅女秀，明达有父风，众推秀领宁州事。秀奖厉战士，婴（围绕）城固守。城中粮尽，炙鼠拔草而食之。伺夷稍怠，辄出兵掩击，破之。

——《资治通鉴》

分危急。李毅女儿李秀精明通达，极具父亲风骨气度，被宁州官民推举来管理宁州事务，指挥守城作战。

李秀常年跟随父亲在军中，擅长骑射，深谙兵法，在军中颇有威望。在危难之间，李秀镇定自若，与将士们同甘共苦，率领军民环城固守，等待援军。城中没有粮食，李秀就带着将士和百姓烧鼠吃草，艰难度日。

李秀常常亲自披挂上阵。夷兵稍微懈怠，她就寻找机会带兵出击，扰乱敌阵，从敌人那里抢夺军需物品和粮草，改善城中军民生活，稳定军心民心。城中军队由此士气大涨，作战时愈发勇猛。经过反复较量，李秀带领军队转败为胜，赶走了围城的夷人，宁州城转危为安。

晋惠帝司马衷听说了这件事，对李秀大加褒奖，诏封她为宁州刺史、南夷校尉，佩戴她父亲的调兵虎符，正式统领 58 部夷族。李秀在职 30 多年，群夷慑服，州民肃安，境内无事。

后来，李秀于任上去世，百姓如同失去父母一般伤心，为她建造了庙宇，年年祭祀。李秀甚至被后世百姓尊为神，受到历朝历代君民的尊敬，屡被追封：隋文帝封其为"镇靖夫人"，唐高祖封其为"镇靖明惠夫人"，唐玄宗封其为"忠烈明惠夫人"。

"典"亮百年梦

"人生天地间，长路有险夷"，说的是人生的路是充满坎坷的，很少有一帆风顺的坦途。在困境之中坚守节操，锤炼风骨，这是生命中的应有之意。

在宁州危难之时，外无援军，内无粮草，李秀挺身而出，力挽狂澜，为国家建立功勋，为百姓挽回危局，从而留名青史，垂范后世。她以坚定的意志成为军民的主心骨，以卓越的才能团结军民守城待援，以勇猛无畏的胆识上阵杀敌，化险为夷，转危为安。

人生就是如此，坦途少，逆境多。在坦途之中能够居安思危，在逆境之中能够朝乾夕惕，这是强者的人生姿态。而弱者，总会在坦途之中贪图享受，不知道随时准备迎接人生的挑战；总会在逆境之中自怨自艾，不知道困难是暂时的，总会有希望。"长路有险夷"，告诉我们看待人生的辩证法，险和夷只是暂时现象，会互相转化，夷变成险，险变成夷。所以，在顺境中不能洋洋自得，在逆境中不要悲观丧气，在任何环境之中都要守气节，强风骨。

在中国共产党的百年历史上，总是逆境多，坦途少。

自诞生以来，共产党同各种风险和挑战进行斗争的底气和信心始终如一，在斗争中诞生，在斗争中发展，在斗争中壮大。敢于斗争、善于斗争是中国共产党人的鲜明品格。党的十八大以来，习近平总书记多次用"赶考"激励全党，强调："我们党是世界上最大的马克思主义执政党，要巩固长期执政地位、始终赢得人民衷心拥护，必须永葆'赶考'的清醒和坚定。"在逆境之中斗争，在顺境之中远谋，百年漫漫路，就是一部化险为夷、永葆平安的历史。

中国共产党早期的地下工作者李白，在黎明前的黑暗，用段段电波为革命的最后胜利点亮光明；"大国工匠"毋永奇，常年工作在"不见天日"的环境里，凭着顽强的精神，一寸一寸挖出通向希望的大路。他们都在各自的领域里常年坚守，努力工作，在理想信念的指引下，守初心，强骨气。

榜样在召唤

李白：永不消逝的红色电波

人物档案

李白 （1910—1949）

中国共产党党员，上海地下党联络员，"100位为新中国成立作出突出贡献的英雄模范人物"之一。

人物心语

敌人打断了我的筋骨，但是没有摧残我的意志。想到敌人对我，对千千万万的中国人民的残暴，我更感到自己身上的工作责任。

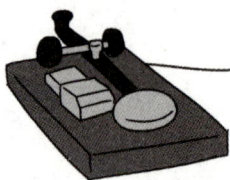

复兴印记

　　1958 年，电影《永不消逝的电波》上映，风靡全国，万人空巷。这是新中国第一部讲述我党隐蔽战线工作者故事的电影。主人公李侠的原型是曾经用无线电波在上海和延安之间架起"空中桥梁"的地下党联络员李白。

永不消逝的电波

人物春秋

在一片黑暗中，李白用一段段滴滴答答的声音向着光明传递希望，然而这位用声音指路的潜行者，在黎明即将到来的时刻却永远告别了人间。他用手指按下了永不消逝的红色电波，声传后世，激励无数革命者奋勇前行。

从学徒到优秀的共产党情报员：电波的成长

1910年5月，李白出生于湖南浏阳的一户贫苦家庭，13岁时因为交不起学费而辍学到染坊当学徒。在此期间，他真切地体会到了社会的不公和民众的苦难，萌生出了强烈的反抗意识，希望能改变这个黑暗的社会。大革命时期，农民运动掀起火热高潮，年仅15岁的李白加入了中国共产党，并于1927年参加了毛泽东领导的湘赣边界秋收起义。

1931年初，红一方面军利用缴获的国民党军电台开办了无线电学习班。当年6月，李白被党组织调往红军总部学习无线电技术，经过系统学习，李白被调入红五军团担任电台台长兼政委。

在后来红军漫漫长征路上，李白和他的无线电队战友白天跟着队伍负重前行，晚上则收发情报继续工作。当时，电台被喻为"千里眼""顺风耳"，是红五军团与红军总部联络的主要通信工具。没有了电台，部队就会失去联络。李白提出了"电台重于生命"的口号，并将这句话作为一生努力践行的座右铭。

1937 年 7 月，抗日战争全面爆发，我军将士在前线浴血奋战抵抗外敌。但身处延安的党中央，却遭到国民党反动派的围攻。如何搜集敌伪情报，掌握敌人动向，成了摆在我军面前必须克服的难题。经组织研究，决定在全国各地陆续设立秘密电台。而当时白色恐怖笼罩最为严重的当数上海地区，想要在上海设立秘密电台，那么派遣过去的一定要是精英中的精英。1937 年 10 月，李白到达上海，开始长期的潜伏工作。为了隐藏身份，他化名李霞。

李白当时的住所在租界闹市区，人来人往容易暴露。电台收发电报时，会有灯光闪烁，电键也会发出声音，电波感应甚至会使附近居民的电灯忽明忽暗。为了减轻对周边的影响，降低被发现的风险，党组织派来电台修理专家涂作潮协助李白。

李白曾用过的发报机

　　涂作潮对电台进行改造，将发报机的功率由原来的
75 瓦降低到 30 瓦。在这种情况下，要将情报从上海传
递到遥远的延安，谈何容易！为了解决这一困难，他们
经过反复试验，发现在零点时分，夜深人静的时候，收
发电报效果最好。于是李白通常会选在凌晨零点到四点
这一时间段发报。为了减弱光亮，他就用 5 瓦灯泡替换
25 瓦灯泡，并在灯泡外面包上一块黑布；为了减轻电键
声，他就用一个小纸片贴在电键接触点上。李白在延安
与上海之间架起了红色电讯联络的桥梁。

　　为了掩护李白的工作，上海党组织选派纺织厂女工

裘慧英假扮李白的妻子。后来两人建立了深厚的革命情感，结为夫妻。平时为了不引起邻居怀疑，李白白天正常去上班，晚上就在房间后面的小灶间里发报。夏天，小灶间密不透风，酷热难耐；冬天，小灶间冷如冰窟，冻得人全身发麻，手指红肿。李白在这样的工作环境中争分夺秒地工作，从不耽搁。

在上海地下党的努力下，李白通过电台将越来越多的情报源源不断地发往中央，为中央领导人进行决策提供了宝贵信息。由于成绩斐然，李白多次得到毛泽东、周恩来和李克农等领导的嘉奖。

李白夫妇与孩子的合影

在狱中斗智斗勇：电波的中断

1941 年 1 月，震惊中外的"皖南事变"爆发，敌人特意加大了空中干扰，以阻断信息的传播。一天凌晨，准备发报的李白耳机里是成片的电波干扰声，他提醒裘慧英加强警戒，自己全神贯注地转动刻度盘，在一片电波干扰声中寻找来自中央的信号。终于，凌晨两点，李白成功捕获到来自延安的声音，通过他的电台，"皖南事变"的真相被迅速传播到整个上海乃至全国，一时间全国上下齐声声讨国民党。

"皖南事变"之后，上海的局势越来越紧张，日本宪兵更是对地下电台展开了地毯式的搜查。

1942 年中秋节前夕，当时的租界已被日军占领，日本依托汪伪政权特务组织大肆搜捕抗日分子，采用分区停电的方法发现了李白的电台。在听到敌人包围的声音时，李白镇定地发完电文，又极快地拆散改装过的发报机，让它变成一个普通的收音机。紧接着，敌人破门而入，李白夫妇都被捕了。

在牢房里，敌人对李白和裘慧英用尽酷刑，但他们始终坚贞不屈。李白坚称，自己用电台是帮朋友了解商业行情的，地板下所发现的电台是私人商业电台。由于敌人没有确凿的证据证明这个电台有其他用途，一个月后，裘慧英被释放，李白则被转到了76号汪伪特工总部。在76号魔窟，李白仍然坚称所用电台是私人商业电台，于是该案成了"无头案"。直到1943年5月，在党组织的积极营救下，日本人不得不释放了李白。

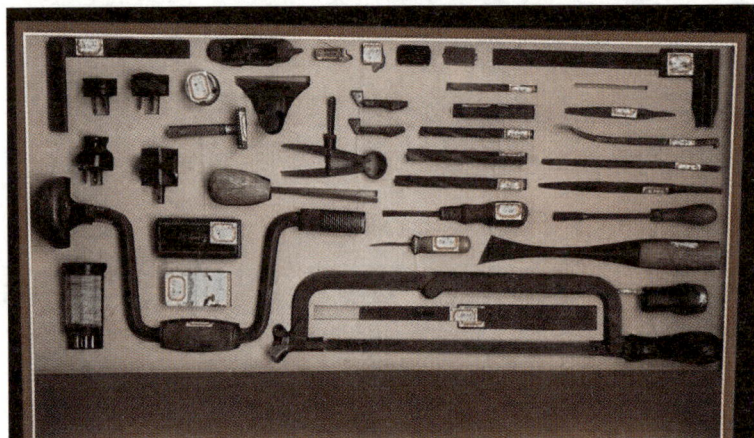

李白曾经使用过的工具

李白出狱后，被敌特严密监视，无法开展工作。但他在狱中的表现，使敌人误以为他是个与重庆方面（国民党）有关系的商人，想把他网罗过来。在党组织认可后，李白将计就计答应了敌特的要求，前往浙江淳安国民党军委会国际问题研究所当报务员，并利用这一电台向党组织发报。李白利用国民党电台为党秘密传送了大量的情报，包括不少核心机密和军事情报，为党制定政策提供了重要参考。

电波永不消逝：黎明前的黑暗

1945年10月，李白返回上海。随着蒋介石发动内战，国共两党的交锋日趋激烈。1948年秋天，解放战争进入战略决战阶段，作为敌人心脏地区的上海，其情报重要性不言而喻。为了配合局势进展夺取全国胜利，凭借多年敌后隐蔽作战的丰富经验，李白经常彻夜发报以保证将重要情报及时准确地发至党中央。

1948年12月的一天凌晨，国民党淞沪警备司令部稽查处第二大队通过分区断电的方式，侦测发现李白居住的区域有正在使用的电台，他们便挨家挨户地搜查。担任警戒任务的裘慧英把这一紧急情况通报给李白，李白只是怔了一下，他深知当前战局下，必须要向西柏坡发送国民党长江布防情报。就是这份情报，对四个月后的渡江战役起到了极其关键的作用，使得我军一天就突破长江天堑。李白没有丝毫犹豫，他让裘慧英带着孩子出去躲藏，而他自己继续镇定地将情报发送完毕，然后迅速销毁重要信息。李白留下了自己的遗言："同志们，永别了！"

　　凶残的敌人为了得到想要的信息，连夜对李白进行了30多个小时的审讯，除了高官厚禄的利诱，还惨无人道地用上了老虎凳、拔指甲、灌辣椒水等多种酷刑。在这样软硬兼施的逼问下，李白始终坚贞不屈，双腿尽断，气息奄奄，也没有暴露任何信息，保护了上海地下党组织的机密。

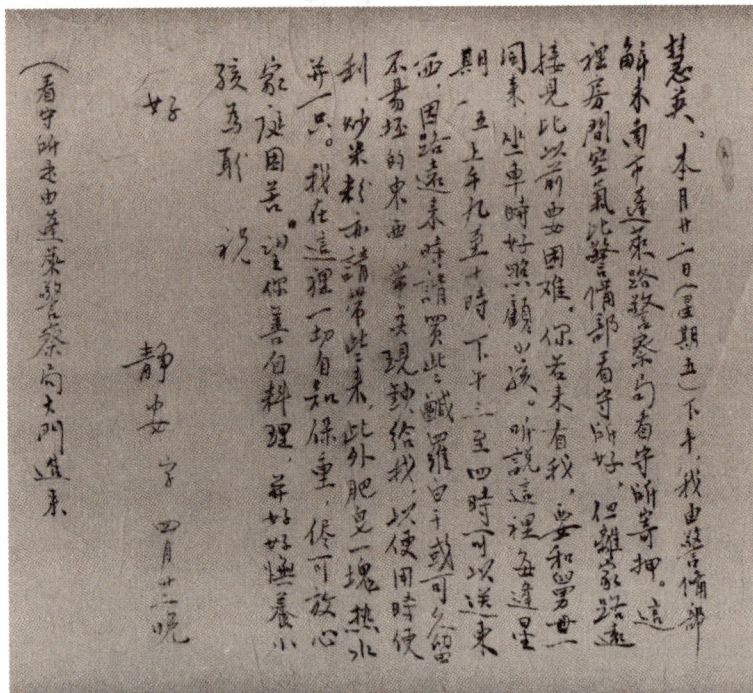

李白写给妻子的最后一封信

1949 年 4 月，李白自知难获自由，他在狱中给妻子写了最后一封家书，并通过一位出狱的难友给妻子带去消息，相约在看守所后面一户人家的阳台上隔窗相见。

5 月 7 日，裘慧英带着孩子来探望李白。当时，李白的双腿已被老虎凳压断，不能站立，他靠狱友的托扶爬到窗口。

他对妻子说："天快亮了，我等于看到了，不论生死，我心里都坦然。"

年幼的儿子天真地张开双臂说："爸爸，抱抱我。"

李白微笑着回答："乖孩子，爸爸以后会抱抱你的。"

这成了李白和妻儿最后的诀别。

1949 年 5 月 7 日晚上，国民党特务机关按照蒋介石"坚不吐实，处以极刑"的批令，将李白等人残忍杀害。这个时候，距离 5 月 27 日上海解放只有 20 天。

为了纪念李白烈士，以他为原型的电影《永不消逝的电波》在 1958 年上映，轰动全国。李白坚定的信仰、钢铁般的意志影响了一代又一代中国人，永不消逝。

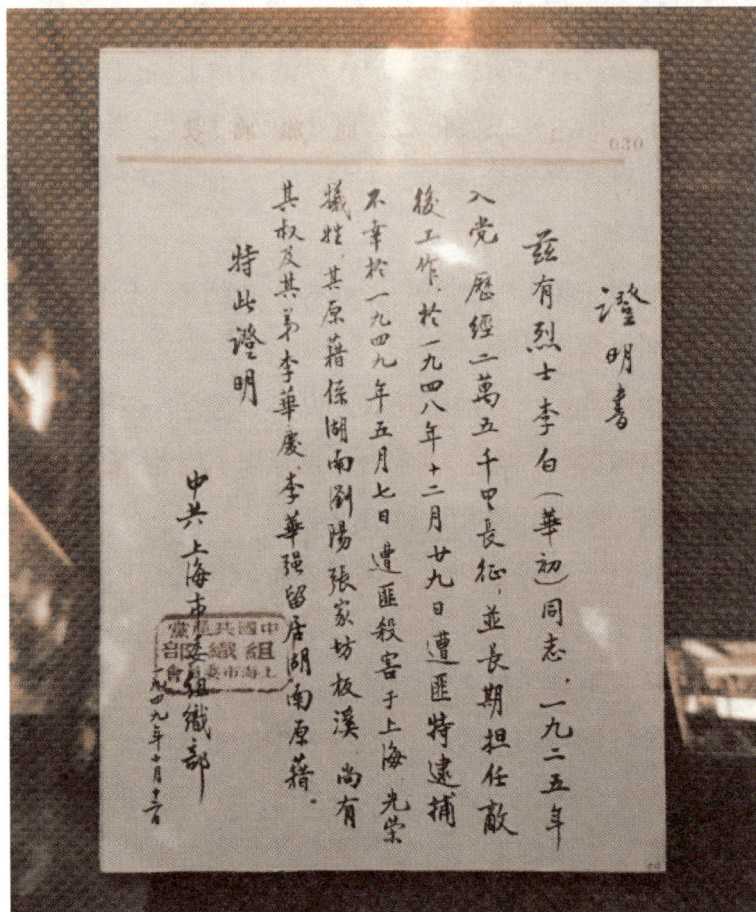

证明书

兹有烈士李白（华初）同志，一九二五年入党，历经二万五千里长征，并长期担任敌后工作，于一九四八年十二月廿九日遭匪特逮捕不幸於一九四九年五月七日遭匪杀害于上海光荣牺牲。其原籍係湖南浏阳张家坊板溪，尚有其叔及其弟李华庆、李华瑶留居湖南原籍。

特此证明

中共上海市委组织部

一九四九年□月□日

1949 年中共上海市委组织部出具的证明书

母永奇：隧道深处驯"巨龙"

人物档案

母永奇 （1985—　）

中国中铁隧道局集团有限公司盾构主司机、隧道工高级技师，中共党员。2018年"全国五一劳动奖章"、2021年"中国青年五四奖章"、2021年"全国技术能手"称号获得者，2022年"大国工匠年度人物"之一。

人物心语

就是要勇于跨越，追求卓越，要在攻坚克难的道路上坚持不懈、永不放弃。

复兴印记

在大地深处，在黑暗之中，前行一寸，离光亮就近一寸。母永奇说："盾构机掘进到哪里，未来的隧道之光就亮到哪里，所有的付出都值得！"母永奇勇敢接纳孤独和黑暗，开着最慢的车，却锻炼了最坚强的心。

人物春秋

"大国工匠"母永奇是一名有着十余年驾龄的盾构机主司机。勇于跨越，追求卓越，攻坚克难，坚持不懈，永不放弃，这是他对工匠精神的诠释。母永奇说自己是"最慢的司机"，他常年在不见天日的地下，一寸一寸缓慢前行，一点一点创造通途。在这缓慢的前行中，我们看到了一位"大国工匠"的坚守与骨气。

在兴趣中成长

1985 年，母永奇出生于四川苍溪一个普通的农民家庭。他从小就对机械装置很感兴趣，家里的闹钟、收音机、手电筒、自行车……几乎都被他偷偷拆开研究过。母永奇家里经营着一个打面的店铺，里面有一整套面粉加工机器设备。每次父亲对打面机进行保养维修时，母永奇总是凑在最前面观察，看得多了，他也就慢慢明白了那些零件是什么、怎么修理。遇到父母外出，他自己也能在店里给顾客加工面粉。母永奇最大的愿望就是长大后可以搞机械，造船或者造车。

2005 年，母永奇在江西城市职业学院（今江西应用科技学院）机电一体化专业就读，经过三年专业学习，他对机械有了更深层的认识和了解，积累了更多的专业基础知识。

大学毕业后，母永奇先是通过校内招聘进入深圳比亚迪公司，实现了儿时造汽车的梦想。之后他又参加了中铁隧道局隧道股份有限公司的招聘，他对面试官说："如果不是让我干机械方面的工作，我就没有兴趣！"面试官被他逗笑了，回复他："一定让你干机械，让你操控的一定是你想象不到的庞然大物！"

母永奇进入了中铁隧道局集团，成为一名一线技术工人，展现在他眼前的就是盾构机，也就是隧道挖掘机。作为当前隧道及地下工程施工领域的主流高新设备，盾构机拥有多达 5 万个零部件，集液压、机械、电气、流体、环流五大系统 30 多个子系统于一身。第一次看到这样的"大块头"，看到老师傅熟练的操作，母永奇内心特别羡慕。他终于找到了自己的人生定位，立志要挑战一下这样的高新装备。

在求索中守初心

然而，要完全掌握盾构机的原理和操作，并不是一件容易的事情。母永奇没有被吓到，而是迎难直上，下决心攻克难关。他从研究机械图纸和电路图纸入手，从最基础的拆装维修入手。在拆装过程中，他认真研究每一个零部件的具体用途。等到拆装第二台盾构机时，母永奇对它已经有了全新的认识。

当时，国产盾构机市场处在发展初期，技术培训并不成熟，精通盾构机的师傅少之又少。母永奇四处请教，还去图书馆、资料室大量查阅资料，把重点、难点都抄录在随身携带的笔记本上，空闲时候就拿出来翻阅、思考。到现在，母永奇已经记了 10 多本笔记本，超过了 100 万字。

2016 年，因为工作需要，母永奇第一次接触到了大直径泥水平衡盾构机，他向现场的主司机和值班工程师学习，认真研究设备图纸，查找与之前盾构机的不同之处……他平均每天都要在盾构机上待 12 个小时。2 个月之后，他已经掌握了泥水盾构掘进的操作要领。

2020 年 11 月，中国最长的铁路隧道色季拉山高原隧道开始修建，母永奇主动请缨，他说："我的目标就是驾驶盾构机，挑战更深的隧道，更复杂的地层。"

色季拉山隧道地质条件极为复杂，为了摸清高原隧道地质结构，母永奇跑遍了周边的沟沟壑壑，对照地质勘探资料仔细考察地形。在母永奇的带领下，这个他"见过的最难的一条隧道"，被顺利攻破。项目团队克服了缺氧、高寒等种种困难，创造了我国高原施工的新标杆，为国内高原高寒地区长大隧道智能化施工提供了技术和经验借鉴。

经过不断的学习和积累，母永奇渐渐熟练掌握"中国中铁"盾构、德国海瑞克盾构、美国罗宾斯盾构、日本小松盾构等设备操作方法，牢牢坐稳了盾构主司机的位子。

在困难中炼骨气

盾构主司机就是"地下工作者"，工作状态就是"不见天日"。由于从业者不多，仅有的司机就要两班倒，工作时没有节假日的概念。每位司机每天都要在幽深的隧道里连续工作 12 个小时，工作空间就是几平方米的控制室，一旦机器开始运转，噪声、粉尘、高温常伴身边，整个人彻底与外界断联。

很多人会被这种单调与孤独打败，有的人干了不到半年就离开了，有的人忍耐一两年就申请调岗。盾构主司机从业年限通常在 3 至 5 年之间，之后大多数司机都会选择转岗。

母永奇在工作中

　　母永奇刚参加工作时，高温潮湿的隧道、长时间的工作、深深的孤独感让他偷偷掉泪，甚至打退堂鼓。但他凭借着对盾构机的热爱，打消了退缩的念头，身边的搭档换了一拨又一拨，他却一直都在坚守，在中铁隧道局集团当了10余年盾构主司机。

　　即便在未曾遭遇复杂地层的情况下，一台盾构机平均每年也不过才掘进3千米，所以母永奇说自己是"最慢的司机"。在幽暗的地下，母永奇克服各种困难，一点一点地前进。地下没有平坦的大道，母永奇凭着热爱，驾着自己喜爱的机器，缓慢地前行，开山凿地，凿出了一条条隧道。

让母永奇坚持下来的，除了热爱，还有一个重要因素，那就是老一辈隧道工人的风骨。母永奇的外公曾经参加过老成昆铁路的建设，他们那一代隧道工人靠着"一杆风枪、一把铁锹、一辆推车"，让高山低头，让河水让路。老一辈建设者不惧困难、不惧牺牲、敢创敢干的精神，成为母永奇前进的力量源泉。

在母永奇看来，"祖国在强大，技术在进步，外公那一代只能靠人工凿通隧道，而我们这一代，可以驾驭钢铁巨龙穿山越海，这是时代给予的幸运"，"盾构机是国之重器，代表了隧道建设的智能化方向，青年一代更要坚定信仰，把之前缺的课补回来、追上去、跑在前"。

在 2016 年 10 月，"母永奇盾构机操作技能大师工作室"成立，工作室致力于培养新一代的盾构人，共享盾构掘进技术相关课题中的经验成果。在母永奇的带领下，工作室全员围绕盾构施工关键技术难题进行科研攻关，先后完成创新成果 36 项，解决了盾构隧道施工诸多关键技术难题，创造了千余万元的经济效益。

10 多年孜孜以求，带着满腔执着和热爱，母永奇开着盾构机在大地深处不断向前。哪怕速度再慢，只要坚持，总能破土而出。

涵养浩然气

骨气，就是刚强不屈的人格及操守。没有骨气，浩然之气便不能保持，骨气是浩然之气得以长久保持、壮大的保障。

人无刚骨，安身不牢。中华民族历来重骨气，千百年来涌现出了无数仁人志士和民族英雄，"不为五斗米折腰""不食嗟来之食"的故事家喻户晓，夸父逐日、精卫填海、愚公移山的传说代代相传。像松一样铁骨铮铮、遒劲有力，像竹一样坚韧不拔、刚正不阿，像菊一样高风亮节、惟吾德馨，像梅一样经霜傲雪、知难而进，中国人对风骨、气节、胆魄的重视，融入了日常生活，成为百姓日用而不觉的行为规矩、思维方式。一百多年来，共产党人进一步把这一传统美德发扬光大，并注入了坚定的理想和信念，用血与火熔铸精神之魂，用不变的党性、永存的正气，永葆共产党人的骨气。

实现伟大中国梦，不会一帆风顺，需要我们生硬骨、长傲骨、炼铁骨，不屈服于任何困难，用双肩扛起伟大复兴的重任。

2019 年 4 月，习近平总书记在重庆考察时指出："解放战争时期，众多被关押在渣滓洞、白公馆的中国共产党人，经受住种种酷刑折磨，不折不挠、宁死不屈，为中国人民解放事业献出了宝贵生命，凝结成'红岩精神'。"

力学笃行

❶ 你知道有关"红岩精神"的故事吗？请查阅相关资料，说说"红岩精神"的感人之处。

🎤 _____

_____

❷ 请了解中国共产党人精神谱系，结合其中一种精神谈谈中国人的骨气。

✏️ _____

_____

蓄底气

庿 ▶ 底

小篆　　　楷书

　　"底"字的小篆外面是"广（广，yǎn）"，里面是"氐（氐，dǐ）"。"广"是一个象形字，像高耸的房屋。以"广"为形旁的字，多与房屋有关系，如府、庐、庭、库。"氐"是下的意思，有学者认为是柢（根柢，指树根）的本字。所以"底"就是屋子底部，引申为物体的最下部，如海底、碗底。志气居上，骨气在中，底气垫下。底气来源于深层的自信，根植于强大的力量。底气是一个人的力量之源。

底气与实力相联。对于个体而言，底气来自自身实力，如广博的知识视野、高超的专项能力等。对于一个国家来说，底气来自国家实力，如坚强的领导核心、国家发展成就等。近代以来，国人饱受欺凌，国家利益损害严重，在中国共产党的带领下，中国人民实现了站起来、富起来、强起来的伟大飞跃，战胜了政治、经济、军事等方面一系列严峻挑战，洗雪了中华民族百年耻辱，中国以全新面貌走向世界，人民的底气和信心不断提升。新时代青年，有幸生于中华大家庭，要胸怀天下，勤学本领，培底气，厚生气，在民族复兴的大潮中，勇立潮头，劈波斩浪，抒写壮丽的人生。

第一节

吾心信其可行，则移山填海之难，终有成功之日

好 / 好 / 学 / 习

　　孙中山先生在《建国方略》中说："吾心信其可行，则移山填海之难，终有成功之日"。今天，经过长期奋斗，实现中华民族伟大复兴具备了更为完善的制度保证、更为坚实的物质基础、更为主动的精神力量。

　　——2021年10月9日，习近平在纪念辛亥革命110周年大会上的讲话

学典明理

原典诵读

吾心信其可行，则移山填海之难，终有成功之日；吾心信其不可行，则反掌折枝之易，亦无收效之期也。

——《建国方略》（孙中山）

现代释义

我内心相信它行得通，那么即便是像移山填海一样困难，最终也会有成功的那一天；我内心要是认定它不可行，就算是像翻转掌心或者折断枝条那么容易的事，也不会有取得成效的那一天。

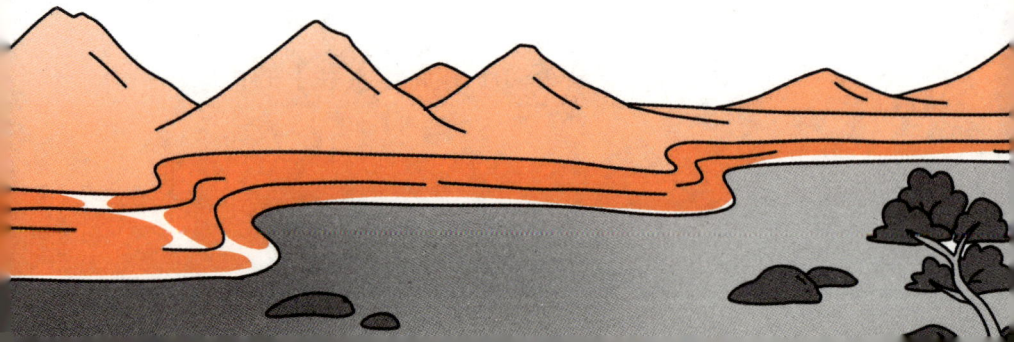

✏ 字里有乾坤

信 字的演变过程

俒 ▶ 信 ▶ 信

小篆　　　隶书　　　楷书

+ 亩

"信"字从"人"从"言"，人言为信。信的本义是诚信，引申为相信、信心等。

君子一言，驷马难追。一个人将说出去的话践行到底，这就是"信"。《左传》说："信，德之固也。"信的真义在稳固，一个人的道德要稳固，学业要稳固，功业要稳固，必须具备信的品德。一经发心，一经行动，便屹立不摇。

个人需要信，孔子说："人而无信，不知其可也。"国家需要信，孔子说："道千乘之国，敬事而信，节用而爱人，使民以时。"信是保证个人发展、国家兴盛的必要因素。中国共产党是一个有诚信的大党，自诞生起，便坚守初心，牢记使命，一百多年都没有动摇过。这个诚信是保证民族伟大复兴的一个决定性因素。

习近平总书记告诫我们要坚持"四个自信"，就是要坚信中国特色社会主义道路，中国特色社会主义理论体系，中国特色社会主义制度，中国特色社会主义文化。由相信到信仰，由信仰到践行，初心如磐，使命在肩，牢不可破，坚不可摧，以这样的发心和行动去学习和生活，一定能建立不朽的功勋。

古为今鉴

曾纪泽："睡狮"勿扰讨伊犁

曾纪泽是湖南湘乡白杨坪（今属双峰）人，曾国藩的长子。他是晚清名臣，著名外交家，与郭嵩焘齐名，时人并称"郭曾"。

19世纪60年代中期，中亚浩罕汗国的军事首领阿古柏率军入侵新疆南部，战火一度从南疆烧至北疆。趁此机会，俄国于1871年出兵伊犁。1877年，左宗棠率军打垮了占据新疆的阿古柏政权后，收复了新疆的大部分地区，但伊犁仍被沙俄占据。

1878年，清政府任命大臣崇厚为全权代表赴俄谈判，交涉伊犁问题。1879年10月，崇厚在俄国人的威胁和欺骗之下，擅自签订了丧权辱国的《里瓦几亚条约》，条约中有大量赔款和免税、通商要求。更严重的是，条约使得伊犁处在北、西、南三面受敌的境地，成为一座孤城。

条约签订后，国内舆论哗然。清政府拒绝承认《里瓦几亚条约》，命令左宗棠继续整军备战。1880年5月，年近古稀的左宗棠抬棺进疆，誓死收复伊犁。同时，时

及至俄，日与俄外部及驻华公使布策等反复辩论，凡数十万言，十阅月（十个月）而议始定。

——《清史稿》

任驻英、法公使的曾纪泽兼任驻俄公使,赴俄国谈判改约。

8月,曾纪泽与俄国代理外交大臣格尔斯、沙俄驻华公使布策等开始会谈,双方谈判的焦点集中在割地与赔款上。谈判初,格尔斯宣称,《里瓦几亚条约》"只候照行,无可商议"。曾纪泽镇定自若,据理顶回,并把自己事先拟就改订的新约送上。格尔斯看后恼羞成怒,宣布中断谈判,以此要挟清廷,进行外交讹诈。

对于索回伊犁南境广大地区,曾纪泽全力争取,绝不松口。俄方代表提出,如果中国索要伊犁河南的特克斯河流域,则必须割让沿海地方补偿俄国的损失。曾纪泽义正辞严地回答:"我想自今以后,中国土地,断无再让之事!"当沙俄代表以战争相威胁时,曾纪泽毫不示弱:"中国原不想有打仗之不幸发生。倘不幸有此事,中国百姓未必不愿与俄一战。中国人坚忍耐劳,纵使一战未必取胜,然中国地方最大,虽数十年亦能支持,想贵国不能无损。"

"多争一分,国家即少受一分损失",这是曾纪泽抱定的谈判宗旨。中俄双方最终在1881年2月达成《中俄伊犁条约》,中国的损失减到最低程度。

虽然这仍是一个不平等条约,但这场谈判却是中国近代外交史上难得的一次成功交涉。曾纪泽对历史作出了他力所能及的贡献。

"典"亮百年梦

"吾心信其可行,则移山填海之难,终有成功之日",说的是信心的重要性。有信心,才会产生真正的底气。

面对弱国无外交的窘境,曾纪泽时刻都在维护国体,自信于国土的广袤,自信于人民的坚忍,自信于百姓的勇敢无畏,这些都被他化作抵制侵略的底气,尽最大可能维护了国家的利益。

曾纪泽有一篇名作《中国先睡后醒论》,驳斥了列强认为中国已经衰老,正趋向于死亡的谬说,指出外来侵略足以"唤醒中国于安乐好梦之中",中国"全备稳固可翘足以待",鼓舞人心,足能壮民族之志。这是清末早期外交官用外文撰写的首篇政论文章,于1886年秋冬之交写成,发表在英国伦敦《亚洲季刊》杂志。

中国共产党团结带领中国人民不懈奋斗,从根本上扭转了近代以后中国人民和中华民族的历史命运,如期全面建成小康社会,开启全面建设社会主义现代化国家新征程。今天,中国共产党团结带领中国人民奋进新征程,在中国特色社会主义道路上不可逆转地走向中华民族伟大复兴。中国这头"睡狮"不但早已觉醒,而且雄姿英发，屹立于世界东方，取得了令世人刮目相看的成绩。中国人的底气得到极大增强。

在实现中华民族伟大复兴的历史进程中，我们看到，中国共产党早期重要领导人张太雷，坚信马克思主义可以带来中国的新生，为国牺牲，永垂不朽。我们也看到，"大国工匠"郭汉中，坚信文物可以重生，从而让更多人能从几千年的历史中增强文化自信，为三星堆国宝的修复作出了突出贡献。他们或者因信仰而产生底气，或者因相信传统而产生底气，都是我们学习的榜样。

榜样在召唤

张太雷：震碎旧世界的惊雷

人物档案

张太雷 （1898—1927）

中国共产党早期重要领导人之一，广州起义领导人，"100位为新中国成立作出突出贡献的英雄模范人物"之一。

人物心语

我们现在离开是暂时的，是要想谋将来永远幸福，所以你我不必以为是一件可忧的事。我们应该在这时期中大家努力做，寻我们将来永远的幸福，这是一件何等快乐的事呵。

复兴印记

　　大学毕业前后，张太雷奔走于京津冀，抛弃自己的一切为党工作。他再也没有回到天津领取属于他的毕业证书。这张毕业证书一直藏在天津大学档案馆，在张太雷诞辰 120 周年之际转赠常州张太雷纪念馆。

毕業證書

學生張曾讓係江蘇省武進縣人現年二十三歲在本校法科法律學門修業期滿考查成績及格准予畢業此證

國立北洋大學校長馮熙運
學長

中華民國九年六月十□日

人物春秋

作为中国共产党早期重要领导人、广州起义主要领导人，张太雷的一生充满传奇色彩。尽管他的生命短暂如闪电，但那惊雷时至今日依然响彻世间。

愿化惊雷，拯救国家

张太雷原名张曾让，字泰来，出生于江苏常州。参加革命后，张太雷立志"愿化作震碎旧世界的惊雷"，冲散阴霾，改造社会，遂取"泰来"的谐音，改名为太雷。

张太雷的祖上是当地有名的世家，但他父亲张光斗只是个秀才。张光斗一直赋闲在家，偶尔揽到些抄写文牍之类的小事干，收入有限。为了谋生，他便带着不满三岁的张太雷到安源煤矿，在洗煤台当文牍。当时安源矿区没有学堂，连私塾也没有，张光斗就成了张太雷的第一任老师。张光斗从《千字文》《百家姓》《三字经》开始教他识文断字，后又教他背诵唐诗、宋词，学习算术、地理、天文等学科的知识。在父亲的教导下，张太雷接受了良好的传统国学教育，也日渐养成了勤奋好学、自我监督的好习惯。

张太雷8岁时，父亲因病去世，靠着母亲帮佣的微薄收入维持生活。在亲朋的资助下，张太雷得以进入私塾读书。张太雷发愤学习，各科成绩都很优异。幼年时期这段在贫苦中磨炼成长的生活，让他对穷苦人民有一种天然的同情。

1911 年，张太雷以优秀的成绩顺利考入常州府中学堂，与中共另一位早期领导人瞿秋白是同校好友。由于这所学校很多教师都有留学经历，张太雷在此接受了新式教育，尤其是英文学得很好。随着新式教育而来的还有更多其他内容，张太雷与瞿秋白一起关心国家大事，抨击时弊，共同探讨救国救民的革命真理。

1915 年 5 月 9 日，袁世凯与日本帝国主义签订了"二十一条"，激起了全国人民的愤怒和声讨。张太雷积极参加，并指出："日本帝国主义的野心是要独占中国，灭亡中国，而袁世凯为了要当皇帝，不惜出卖国家主权。"他不顾疲劳，日夜奔走呼号，参加反日爱国活动，后不堪学校当局对他爱国行动的侮辱，愤然离开了这所中学。

1915 年，张太雷考入北京大学预科班，但因为学费昂贵，且学时很长，他便转入天津国立北洋大学（天津大学前身）法科学习。1917 年俄国十月革命胜利，张太雷阅读了李大钊在《新青年》上发表的《庶民的胜利》《布尔什维主义的胜利》等文章，心中产生了强烈共鸣。

张太雷深受启发和教育，他对同学说："国家兴亡，匹夫有责。只有走十月革命的路，才能救中国！"从此，马克思主义成为张太雷的崇高信仰，张太雷坚信，只有马克思主义可以救中国。

张太雷开始学着用马克思主义世界观来观察和分析社会，逐渐意识到，只有走十月革命的道路才能救中国，从此他的民主革命思想开始向共产主义思想转变。1919年2月，张太雷和几个同学成立社会改造社，宗旨是"变革黑暗的中国，建设一个民主自由的、有科学文化的新中国"。

1919年5月4日，五四爱国运动爆发，张太雷积极投身其中，成为天津地区爱国运动的骨干之一。张太雷和同学们组织讲演团，积极到各地讲演，听者塞途，他们登上火车准备离开，听者犹相聚不散，引颈遥望，意犹未尽。

为抗议军阀马良在山东枪杀爱国同胞的暴行，8月23日，北京、天津的25名代表到新华门北京政府门前请愿，要求惩办祸首马良。同反动军阀一丘之貉的北京政府逮捕了请愿的代表。消息传到天津，天津学生联合会立即组织了数百人的代表团分批赴京营救。张太雷是代表之一，他冲破反动当局的层层阻挠，和同学们到了北京，与北京的 3000 多名青年学生会合，浩浩荡荡地到北洋军阀的总统府请愿。他和同学们表示："如果需要，我们可以随时抛头颅，洒热血，决不迟疑！"在全国人民的声援和各界人士的努力下，反动军阀被迫于 8 月 30 日释放了被捕的全部代表。

积极宣讲，立足国际

在五四运动过程中，张太雷与李大钊建立了联系，后来他还参加了李大钊组织的北京大学马克思学说研究会，并协助李大钊开展创建中国共产党的工作。李大钊称赞他"学贯中西、才华出众"。1920 年 10 月，张太雷和邓中夏等人一起，加入了李大钊发起成立的北京共产党早期组织，成为中国共产党最早的党员之一。

张太雷在五四运动中看到了工人阶级的力量，还学习了马克思主义关于工人阶级的论述，由此他开始重视对工人阶级的研究。之后他更是不断地了解中国工人阶级的情况，研究工人运动的理论，并且热情积极地投身到工人运动中去，组织领导工人运动成为他革命工作的一个重要组成部分。

张太雷陪同共产国际代表维经斯基会见李大钊

　　1920 年冬天，李大钊决定在长辛店创办一所劳动补习学校，以平民教育之名培养工人骨干、开展工人运动。张太雷和邓中夏带着由北京大学学生会和平民教育演讲团捐赠的开办费来到长辛店，受到了工人们的热情欢迎。

　　张太雷联系工人实际情况，深入浅出地讲解资本家剥削工人的道理，他问工人："我们工人每天做工，资本家不做工，为什么他们生活得比我们好得多呢？"

　　有工人回答说："他们是靠剥削我们才过得好的。"

　　张太雷又问："他们是怎样剥削的呢？"

　　工人们纷纷回答："我们做的产品，卖了大钱，可他们只给我们小钱。"

张太雷这时继续说："你们说的没错，但还不够全面，我把这其中的秘密告诉你们。我们工人生产出来的产品卖出去后就能得到钱，这就是产品的价值，这个产品的价值是我们工人创造的，其中除了购买原料、机器磨损、厂房折旧、管理费用外，其余的钱照理应该全部分给工人，资本家只能拿投资的消耗和管理费用，可是资本家把工人创造的财富大部分都拿走了，只给工人仅够维持最低生活水平的那一小部分，这就是剥削了工人。"

稍稍停顿之后，张太雷继续问："工人被剥削的这一部分叫什么？"看大家回答不上来，他便用笔在一张纸上写下了"剩余价值"四个大字，高高地举起来给大家看，工人们看了，有的点头微笑，有的张嘴朗读，还有的用手指在大腿上照着样子写下这四个字。工人们得知了资本家剥削的秘密，都一副恍然大悟的样子。

除了宣讲这些道理，劳动补习学校还开设了国文、算术、常识等三门课程，张太雷和学校的老师们编写了识字课本，收录生活中的常用字，在讲课时都是先教识字再讲革命道理，文化知识与革命道理相结合，促使学员们的文化水平和思想觉悟同步提升。因为张太雷和其他同志的努力，这些工人学员后来成为北方工人运动的第一批骨干。1921 年 5 月 1 日，我国最早的现代工会之一长辛店工会成立。工会领导广大工人开展斗争，使得工人运动向纵深发展。

　　1921 年 2 月，张太雷被派往苏俄，担任共产国际远东书记处中国科书记，参与组建中国科的工作，成为第一个在共产国际工作的中国共产党人，建立起了中国共产党早期组织与共产国际之间的直接联系。

张太雷与妻子陆静华

去俄国前，张太雷给妻子陆静华写了一封信，他说："我决计外国去游学求一点学问，将来可以享真正幸福。你也可以享真正的幸福，母亲也享真正幸福。但是我们现时不能不尝一点暂时离别的苦，去换那种幸福。"

1921 年 6 月 22 日至 7 月 12 日，共产国际第三次代表大会在莫斯科召开，张太雷同另外两位中国共产党人俞秀松、杨明斋前往参会。按照计划，张太雷将在最后一天的大会上代表正在筹建中的中国共产党发表演讲。这是中国共产党的代表第一次走上国际讲台，第一次向全世界发布宣言。

大会的最后一天，即将轮到张太雷发言了，他将提前精心准备好的文稿紧紧握在手中。可大会主席团临时通知，接下来代表发言的时间将限定在 5 分钟以内。来不及做更多准备了，众人瞩目之下，一个年轻的身影走上讲台，用洪亮有力的声音开始了他的演讲：

"……如果日本帝国主义，像已实际控制中国北部那样，控制整个中国，它就会利用最富饶的自然资源和最强大的人力资源，来反对无产阶级，这无疑是对世界革命的一个很大威胁。因此，我请求共产国际和西方国家的共产党比以往更加重视和更多地帮助远东运动。在必将到来的世界革命中，中国丰富的资源和伟大的力量是被资本家用来同无产阶级作斗争呢？还是被无产阶级用来同资本家作斗争呢？……"

演讲结束时，会场上爆发了雷鸣般的掌声，人们看到了这位年轻人对于中国和国际形势理性而清晰的思考，他第一次向世界展现了年轻的中国共产党的风貌。张太雷被誉为"真正的国际主义者"，为中国共产党亮相共产国际舞台开了一个好头。

广州起义，以死明誓

1921年8月，由于工作需要，张太雷奉命回国，继续奔走在北京、上海、广州等革命斗争一线，为建设社会主义青年团、建立革命统一战线、领导工人运动等革命事业而奔忙。

1927年，四一二和七一五反革命政变致使第一次国共合作宣告破裂。8月10日，中央临时政治局召开常委会，决定成立南方局，张太雷担任书记，兼任广东省委书记。

12月6日，张太雷主持召开中共广东省委紧急会议，会上研究制订了广东全省暴动计划，并讨论通过了广州起义的政纲、宣言、告民众书等文件，以及成立苏维埃政府的人事安排等问题，研究了起义力量的部署和军事

广州起义纪念碑

行动，决定于 12 月 12 日举行广州起义。随后又成立了起义军总指挥部和参谋部，叶挺任总指挥，叶剑英任副总指挥。

然而就在起义前夕，国民党对起义的计划有所察觉，并向广州调动主力部队。中共广东省委决定提前举行起义，12 月 11 日凌晨，张太雷和叶挺宣布"暴动"和"夺取政权"的口令，广州起义爆发。起义部队向广州市各个要点发起突然袭击，队伍如下山猛虎，迅速攻下观音山，拿下公安局，陆续占领了珠江北岸大部分地区。

张太雷始终奔走在起义前线，12 月 12 日，他按照原定计划在西瓜园广场召开大会，以激昂的声音宣布"广州苏维埃政府成立了"。但同时，敌人也向起义军发起了反扑，会议结束不久，张太雷乘车赶赴大北门指挥战斗，可车刚行至半途便遭遇敌人伏击，张太雷壮烈牺牲。

张太雷成为中共历史上第一个牺牲在战斗第一线的中央委员和政治局成员，他用短短 29 年的生命历程，践行了"愿化作震碎旧世界的惊雷"的铮铮誓言。

无数像张太雷一样的革命先烈，始终坚定马克思主义信仰，永葆对党的无限忠诚，筚路蓝缕，历尽艰辛，新中国才得以诞生。今天，中国取得了举世瞩目的建设成就，我们成为平视世界的一代人，信心与底气倍增。我们唯有效法先贤，努力学习，才足以告慰先贤。

郭汉中：
让三星堆文物活起来的"时光匠人"

人物档案

郭汉中　（1968—　）

四川省德阳市广汉市三星堆博物馆陈列保管部副部长，文物修复高级技术工，2022年"大国工匠年度人物"之一。

人物心语

我们一代又一代的文物修复工作者通过不间断的传承与钻研，让更多文物活起来，也让更多国人从这些文物中提升文化自信。

　　三星堆考古被誉为 20 世纪人类最伟大的考古发现之一。"大国工匠"郭汉中参与了三星堆遗址全部 8 个祭祀坑的发掘工作，亲手修复了 6000 多件珍贵文物。

人物春秋

　　耐得住寂寞，守得了初心，三十余载寒来暑往，三星堆国宝修复大师郭汉中把历史从泥土中一点一点带出来，把文物修复技术做到极致，把古蜀文明从沉睡中唤醒，为历史增添了更多的精彩。他坚信通过这些文物能在国人心中建立起更强大的文化自信，从而增强中国人的底气。

考古队伍的"小跟班"

　　1968 年，郭汉中出生于四川广汉中心公社九大队，也就是现在的三星堆镇三星村。从小时候起，郭汉中就一直听乡亲们说"咱们这片地里埋着宝贝"，也不时见有乡亲或是捡到瓦片，或是挖出陶器，但他从未想过这些"宝贝"会与自己有什么关系。

　　1984 年，在三星堆遗址一带进行发掘工作的四川省考古队中有几名队员在郭汉中家借住，当时的郭汉中还在读初中，看着考古队员刨坑挖土，心生向往，时不时跟在队员身后当"小跟班"，也参与到发掘、清理的工作中去。看着几千年前的坛坛罐罐就这么被一点点刨出来重见天日，是一件多么新鲜而又有趣的事情！郭汉中对考古产生了浓厚的兴趣。他聪明勤奋，很快就被考古队看中，安排跟着专业老师学习陶器修复。

"沉睡三千年，一醒惊天下。"1986 年，三星堆发现一号、二号祭祀坑，出土大量青铜器、玉器等珍贵文物，迫切需要大量文物修复相关人才。于是，有着挖掘清理经验和陶器修复基础的郭汉中便被调入了四川省考古研究所，师从文物修复大师杨晓邬走上了文物修复之路。

从碎片中复活国宝

在四川省考古研究所，杨晓邬带着郭汉中守着一间二三十平方米的小办公室。郭汉中见到的是 1700 余件形态各异的文物，不少已经破碎不堪。

比如一号青铜神树出土时，已经碎成了 200 多块，完全看不出树的形态，甚至找不出一根完整的枝丫。对于普通人来说，这真是一个难题。但郭汉中相信，通过他们的努力，这些文物一定能够恢复到原来的样子，出现在世人面前。郭汉中跟着师傅一块一块对残片进行分类，探讨辨析其所在位置，以长达 7 年的修复周期复原了这件器物。

从 1986 年起直到 2009 年，师徒二人凭借智慧和汗水，硬是让一堆堆破铜烂铁得以焕新重生，再现 3000

年前的荣耀与光芒。在这个过程中，郭汉中逐渐理解了师傅所说的"搞修复一定要静得下来"的真谛，性格慢慢磨平了不少。郭汉中觉得每一件文物的修复，都像是一次漫长的摸索，自己仿佛在跨越千年向古人讨教。这是一场充满梦幻的时空之旅，兴趣让他入门，信心给他动力，耐心使他坚持。

文物修复的"小百科全书"

文物修复是一门多学科融合、多工种融合的工作，它集雕塑艺术、美工、历史、考古于一体，对从业者有很高的要求。郭汉中一直把自学、自练、自悟、自省作为自己的准则，他购买了大量文物修复方面的书籍和资料，结合自己的实践经验去理解，一有机会就向同行专家老师请教。同时，他还苦练操作水平，在文物拼接修复过程中注重各种细节，熟练掌握了整形、拼接、焊接、着色等各种修复手法。他还拜不同领域的专家为师，从金石学、金属工艺学、化学到鉴定学、美术鉴赏学，只要是与文物修复相关的学科他都有涉猎，原本只有初中文化的郭汉中，经过这样孜孜不倦的学习，硬是变成了一本文物修复的"小百科全书"。

三星堆遗址出土的青铜神树共有8棵，这是修复后的一号神树，高是3.96米，最上端的部件已经缺失，估计全部高度应该在5米。这是全世界已发现的最大的单件青铜文物

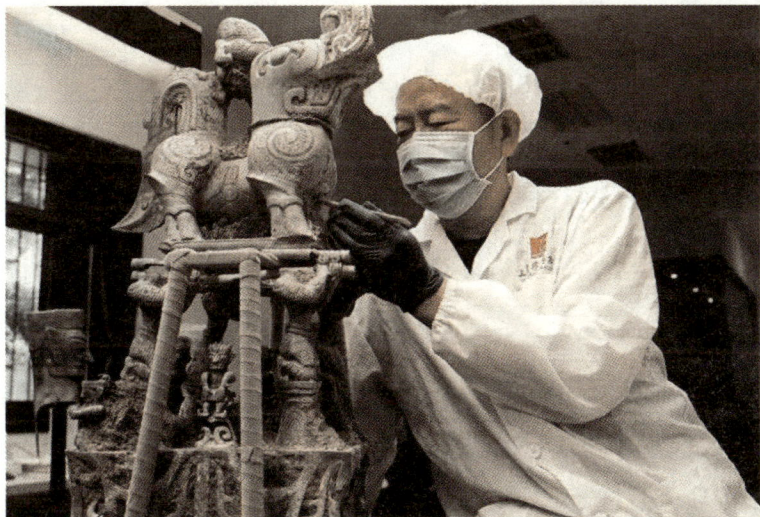

郭汉中在修复文物

  除了不断学习，郭汉中还在不断创新修复手法。

  传统文物修复往往需要开模，业内之前一直普遍使用的开模材料是硅橡胶，这种材料具有渗透性好、韧性强的特点，然而它的缺点也很明显，很容易在文物上留下硅油痕迹。郭汉中经过多次尝试之后，发现黄泥石膏翻模效果更好。

  多年以来，郭汉中先后发明了塑形雕刻、浇铸铜铸件、"铜补铜"等先进工艺，得到了国内同行的广泛认可。不仅如此，为了安全无损地提取文物，郭汉中又根据文物修复经验，用木头、铁丝创造性地自制了用于泥土清理、贴附加固等的近300件工具，并将这些工具广泛应用于文物提取工作中。

郭汉中的这些技术创新、工具创新不仅赢得了国内文物修复界同仁的普遍赞誉，还在一定程度上推动了国内文物修复技术向前迈步。

致力发展，手艺传承

2023年2月，郭汉中入选2022年"大国工匠年度人物"，成为10位"大国工匠年度人物"之一，也是四川省唯一入选者。郭汉中说："文物修复需要一代代传下去，这个奖，其实是给我们这个行业的。"

郭汉中和青年同事在研判顶尊跪坐人像的固定修复方案

文化要传承，手艺也要传承。这位修了一辈子文物的大国工匠，肩负责任感、使命感和紧迫感，为了让文物修复技术后继有人，郭汉中一直在发现和培养后备力量，他先后带出来十多个徒弟，每一个也都成为该行业的技术骨干。

在平时工作过程中，郭汉中也时刻不忘传帮带，时常在工作中将工作方法传授于青年同事，帮助他们积累经验，提升能力，培养了一支作风硬、能力强、素质高的文物修复队伍。就连郭汉中的儿子郭志成也受到父亲的影响，在考研时选择了文物与博物馆专业，文物修复技术正在郭汉中和他的徒弟、儿子之间薪火相传。

郭汉中说："师傅那一辈有的已经不在了，有的已退休，我有责任把这门手艺传承和发扬光大。三星堆的国宝那么多，我这辈子是修复不完了，但我的儿子、徒弟们可以继续干下去，这份古老的技艺也要继续传承下去。"他希望未来有更多年轻人参与进来，把这门手艺发扬光大，从而让更多的中国人热爱传统，相信传统，强底气，厚生气。

第二节

桐花万里丹山路，雏凤清于老凤声

好好学习

要发挥好最高学术机构学术引领作用，把握好世界科技发展大势，敏锐抓住科技革命新方向。"桐花万里丹山路，雏凤清于老凤声。"科技创新，贵在接力。

——2016年5月30日，习近平在全国科技创新大会、两院院士大会、中国科协第九次全国代表大会上的讲话

学典明理

🎙原典诵读

十岁裁诗走马成，冷灰残烛动离情。
桐花万里丹山路，雏凤清于老凤声。

——《韩冬郎①即席为诗相送，一座尽惊。
他日余方追吟"连宵侍坐徘徊久"之句，有老成之风，
因成二绝寄酬，兼呈畏之②员外》（其一）（唐·李商隐）

①韩冬郎：晚唐诗人韩偓小字冬郎，是李商隐的姨
侄。②畏之：韩偓的父亲韩瞻，字畏之，是李商隐的故
交和连襟。

❯❯

现代释义
　　在离别的宴席上，蜡烛点点，滴泪成灰，
触动了我们的离情。您的儿子，十岁的韩偓，文
思敏捷，走马之间就能写成诗歌。（不久，您将
带您的儿子上任了。）那长长的丹山路上开满了
美丽的桐花，雏凤的鸣声不时传来，声音清亮圆
润，比老凤的鸣声更为悦耳动听。

字里有乾坤

凤 字的演变过程

甲骨文

金文

小篆

隶书

楷书

"凤"字的第一个甲骨文像凤鸟的高冠、花翎、长尾之形，第二个甲骨文加了声旁"**H**（凡）"。在小篆里它是一个从鸟凡声的形声字。凤凰是百鸟之王，雄性为凤，雌性为凰。

"雏凤清于老凤声"，雏凤比喻韩偓，老凤比喻父亲韩瞻，即是长江后浪推前浪之意。

古为今鉴

罗士信：隋唐最年轻的将领

罗士信是隋朝末期的一员猛将，少年时勇力过人，为人忠厚耿直。在隋唐天下大乱时期，罗士信是当时最年轻的猛将。

隋炀帝大业年间，长白山贼进犯齐州，通守张须陀领命率军征讨。当时，罗士信是一个小小差役。他年仅14岁，身材短小，竟然主动向张须陀请求效力讨贼。张须陀轻蔑地说："你这样子连铠甲的重量都承受不住，怎么能入阵杀敌？"

罗士信被这番话激怒了，当下便披挂上两重铠甲，左右挂好两个箭袋，飞身上马，左顾右盼，宛若大将。张须陀被这个英勇少年的表现所打动，准许他参军。

不久，张须陀与贼军在潍水相遇，两军刚刚列阵，罗士信手持长矛，驱马飞奔，进入敌阵，一瞬间连刺数人，掠阵而过。罗士信的动作太快了，一时间敌军惊骇，竟然没有人敢靠近他。张须陀率领军队乘势发起进攻，敌军溃败。罗士信一路追击敌军，奋勇杀敌。

士信以执衣（差役），年十四，短而悍，请自效。须陀疑其不胜甲，少之。士信怒，被重甲，左右鞬（马上的盛弓器），上马顾眄。须陀许之。

——《新唐书》

　　张须陀对罗士信颇为赞服，将自己的坐骑送给了他，还把他带在了身边。每次作战，张须陀为先锋，罗士信就是副先锋，两人配合大战杀场，以此为常。罗士信成为张须陀最得力的助手。隋炀帝对朝廷有这样的猛将感到很开心，不仅派遣使臣慰问他们，还命令画工画下张须陀、罗士信战斗的画面，上于朝廷。

　　后来，张须陀战死，罗士信几经周折，归附唐高祖李渊。有一次，罗士信跟随秦王李世民在洛水边攻打刘黑闼，攻下一城，让大将王君廓戍守，敌军迅即攻城，王君廓溃败而出。秦王对诸位将领说道："谁能守住此城？"罗士信答道："我愿意守城。"于是秦王命令罗士信守城。罗士信进入城中，敌军重重围攻城池。当时正在下着雪，救援的军队不能前进，最终城池失陷。刘黑闼想重用罗士信，罗士信不愿屈服被杀，年仅二十八岁。秦王沉痛悼念他，重金求得他的遗体埋葬，封给他"勇"的谥号。

　　当初，罗士信曾受到过裴仁基的礼遇，在裴仁基死后，他出钱将其埋葬在北邙山上，以报答裴仁基。他说："我死后，也要葬此墓旁。"罗士信死后，就被埋葬在裴仁基墓的旁边。

"典"亮百年梦

"桐花万里丹山路，雏凤清于老凤声"，说的是青少年人才的重要性，"科技创新，贵在接力"。古人说"青出于蓝而胜于蓝"，都是同一个意思。

罗士信是隋唐时期的传奇人物。他年龄虽小，但武力过人，带兵打仗，罕有能敌。在大将张须陀面前，十几岁的罗士信还是个孩子，但这个孩子用自身的实力证明了他的能力。这只"雏凤"，显露出不输于"老凤"的霸气，驰骋疆场，成为一代名将。在后来评书故事里，罗士信是"隋唐四猛"的第一猛，外号"今世孟贲"，天生神力，水性过人，出神入化。

牛顿说："如果说我比别人看得更远的话，那是因为我站在巨人的肩膀上。"整个社会的进步，都是上一代为下一代提供条件，新一代在老一代基础上发展。

"新竹高于旧竹枝，全凭老干为扶持。"我国著名物理学家叶企孙被誉为"大师中的大师"，23位"两弹一星功勋奖章"获得者中，有半数以上曾是他的学生；我国著名地球物理学家黄大年常说，与科学家相比，自己更看重教师这个身份，并用战略视野和高尚人格培养了一批高端人才……一代代优秀科学家，不仅鞠躬尽瘁勇做科技浪潮的争渡者，也甘为人梯、奖掖后学，为我国科技发展事业兴旺、人才辈出筑就坚实道路。

"桐花万里丹山路，雏凤清于老凤声。"量子科学团队平均年龄35岁，中国天眼FAST研发团队平均年龄仅30岁，北斗卫星团队核心人员平均年龄36岁，"嫦娥""天问""神舟"等多支研发团队，平均年龄都在30岁到40岁之间……一大批青年科技人才在重大科研任务中扛大旗、挑大梁，见证科学事业"江山代有才人出"。

欧阳修有诗云："羡子年少正得路，有如扶桑初日升。"青年人具有满身正气，拥有一腔热血。当代青年命运早已同祖国紧密联系，不可分割；我们当以一种青年意气，与时代共写华美篇章。

青春孕育无限希望，青年创造美好明天。历史就是一个薪火相传、推陈出新的过程。革命志士陈延年，与父亲陈独秀有着相同的信仰，却走出了更为彻底的革命道路；科学家黄震，站在前人成果的基础上，不断为中国航天探索，走出了更远的飞天之路。我们要以他们为榜样，树立理想，努力学习，增加人生底气，为祖国建设奉献青春。

榜样在召唤

陈延年：
光明磊落、视死如归的共产党员

人物档案

陈延年 （1898—1927）

中国共产党早期领导人之一，"100位为新中国成立作出突出贡献的英雄模范人物"之一。

人物心语

我们的党不是从天上掉下来的，也不是从地上生出来的，更不是从海外飞来的，而是在长期不断的革命斗争中，从困苦艰难的革命斗争中生长出来的，强大出来的。

复兴印记

　　在安徽合肥，有一条纪念陈延年和陈乔年兄弟的"延乔路"，向北通向"繁华大道"。每到清明节等日子，延乔路的路牌便被鲜花环绕，人们自发在路牌下摆放鲜花、卡片等寄托哀思。

延乔路

YAN　QIAO　LU →

人物春秋

陈延年是中国共产党的创始人之一陈独秀的长子。他被毛主席称赞为"不可多得的人才"，被董必武称赞为"党内不可多得的政治家"，他为革命献出了年轻的生命，但他留下的精神财富，却如明灯一样照亮后来的革命者不断前行的道路。

初踏社会，投身革命

陈延年1898年出生于安徽省安庆市。陈延年童年时，父亲陈独秀一直为革命奔走，很少在家。他从小自食其力，立志"自创前途"。随着年龄增长，陈延年渴望走出去为社会作出一番贡献。

1915年，陈延年和弟弟陈乔年来到了上海。他们初涉社会，由于缺乏辨别真伪的能力而相信了无政府主义，还加入了无政府主义组织的"进化社"。

1919年12月，陈延年兄弟经无政府主义者吴稚晖介绍赴法国勤工俭学。留法勤工俭学的中国学生根据不同的信仰组成不同的社团，经常会针对一些社会问题展开争论。在其中，推崇马克思主义的蔡和森、赵世炎、周恩来等人是活跃分子。就在一次讨论会上，蔡和森提

陈独秀、陈延年、陈乔年父子（CCTV-4 中文国际频道《国家记忆》节目）

出，走俄国十月革命道路是救中国的唯一出路。陈延年由此大受启发，开始接触并阅读马克思主义著作。

留法勤工俭学的中国学生曾在 1921 年发动过 3 次重大斗争，而在这几次斗争中，陈延年发现吴稚晖竟然打着无政府主义的旗号公然勾结法国政府迫害勤工俭学的学生，由此他对无政府主义从怀疑到失望，也看透了吴稚晖欺世盗名的真面目，于是毅然与之决裂。

此时，正忙于筹建共产主义青年团的赵世炎发现了陈延年的内心变化，便决定积极争取和团结他。就这样，在赵世炎等一批共产主义者的帮助下，陈延年的政治信仰发生了根本转变，他接受了马克思主义，并加入了共产主义青年团。陈延年还与周恩来等人创建旅欧共产党早期组织——中国少年共产党，并被选为旅欧少共中央执行委员之一，担任宣传部长，负责编辑被称为"巴黎的《新青年》"的旅欧少共机关刊物——《少年》月刊。

1922 年 10 月，陈延年加入法国共产党。随后，中共组织送陈延年、赵世炎等 12 人去往莫斯科东方大学学习。在学习期间，他一边钻研革命理论，一边密切关注国内形势发展，并积极参加党团各种活动。

1923 年 3 月，陈延年转为中国共产党党员。马克思主义成为陈延年的终生信仰。

坚定信仰，拒绝妥协

1924 年 9 月，陈延年带着救国救民的雄心壮志回到上海。中共四大之后，1925 年 2 月，陈延年成为中共广东区委书记。

陈延年极为重视加强党的建设。到 1927 年 3 月，广东党组织已经拥有了 9000 多名党员，成为当时全国党员人数最多、组织机构最健全，具有高度凝聚力和战斗力的地方党组织之一。陈延年也因此被誉为"两广王"。

陈延年不讲究吃穿，生活比一般群众还要清苦。为了把人力车夫团结组织起来，他经常到穷苦车夫家中探访，代年老病弱的车夫出车，赚回的钱全部交给车夫。由于穿着工人服装，说着一家话，工友们亲切地称他为

"老陈"。陈延年给自己定下 "六不原则"：不闲游、不看戏、不照相、不下馆子、不讲衣着、不作私交。人们还给他总结了几个"不"：不脱离工农群众，不滥交高朋名人，不铺张浪费，不大饮大食，革命不成功不谈恋爱。同志们誉之为革命的"苦行僧"。

1925 年 6 月 19 日，为了支援上海人民的反帝爱国运动——五卅运动，陈延年和邓中夏、苏兆征等人领导了震惊中外的省港大罢工。这场规模宏大的罢工，成为 20 世纪 80 年代以前世界工运史上时间最长的一次大罢工，历时 16 个月，有力地打击了帝国主义在香港的统治，对广东革命根据地的巩固起了很大作用。

当时，国共两党的合作将中国反帝反封建的革命运动推向了高潮。作为全国革命的中心和根据地，广东的政治环境极为复杂。陈延年始终保持着清醒的头脑，坚持党的独立性，坚持无产阶级的领导权。

1926 年 1 月，在国民党二大以前，国民党内左派（代表民族资产阶级利益）和右派（代表大地主大资产阶级利益）陷入尖锐的斗争中，周恩来、陈延年等人商定了"打击右派，孤立中派，扩大左派的方针"，计划在国民党二大会议中彻底制裁和打击右派，但这个计划却遭到了陈独秀的反对。

3月20日，蒋介石炮制了中山舰事件，突然袭击共产党人，毛泽东、周恩来、陈延年等人主张反击，可陈独秀、张国焘表示反对与阻止。两个月之后，蒋介石又提出了"整理党务案"，旨在排斥共产党，分裂国共合作，而张国焘等人此时又采取不正常的方式迫使共产党人接受。

面对父亲陈独秀等人对国民党右派的妥协、退让，陈延年坚定地反对和抵制他们的错误主张，他还曾经在区委会议上尖锐批评父亲"不相信工农群众力量""在行动上始终不敢同国民党右派作斗争"，更是气愤地表示："我和老头子（陈独秀）是父子关系，但我是共产党员，我坚决反对妥协退让的右倾机会主义。"

当时黄埔军校的中共组织请示广东区委要不要按照"整理党务案"的规定，交出校内参加国民党的共产党员名单，陈延年斩钉截铁地说："一个都不要向国民党表态，尤其是没有暴露共产党员身份的人，更应保持常态，不要理睬国民党右派的无理要求。"他又指示各地党组织，要普遍发动农民运动，加强农民自卫军的建设。他说："要发动工农运动，同国民党右派进行斗争；要加强工农武装，如果国民党右派损害工农利益，就同他们斗争。"

光明大义，无畏牺牲

1927 年 4 月，身在上海的陈延年接任中共浙江区委书记，并在中共五大时当选为中央委员、政治局候补委员。这一时期，上海正处在国民党反动派的白色恐怖之中，大批共产党员、革命群众遭到逮捕和杀害，党和工会组织不断遭到严重破坏。面对这样严峻的局势，陈延年毫不畏惧，他有计划、有步骤地进行恢复和整顿党组织和工会等工作，团结和巩固革命力量，领导上海及江浙地区的民众进行反对蒋介石叛变革命的斗争。

1927 年 6 月，陈延年开始担任中共江苏省委书记。6 月 26 日上午，陈延年以一身工人打扮参加江苏省委干部会议。但就在会议进行到一半时，陈延年得知会议所在地址被泄露，当即命令与会同志迅速撤离。当天下午，陈延年又回到会议地点，冒险处理机密材料，以避免给党带来损失。然而他刚一出现，埋伏许久的国民党军警就冲了进来，陈延年和其他三位同志不幸被捕。

陈延年被捕时化名为陈友生，自称受雇于一个茶馆做工。由于陈延年一身做粗活的工人打扮，审讯官就相信了他的说辞。党组织积极开展营救活动，原本准备用800 大洋将陈延年赎出来，但疏通关系的人找到了安徽同乡胡适帮忙，胡适告知了吴稚晖，希望吴稚晖帮忙营救。吴稚晖却立刻向上海国民党当局写信告密。同时，与陈延年一同被捕的一个叫韩步先的人叛变，陈延年的身份彻底暴露。中共组织的营救行动失败。

陈延年在狱中受尽酷刑，敌人妄图逼迫他供出党组织的秘密。陈延年被打得体无完肤，几次昏死过去，但始终如钢铁般坚韧，只字不吐。敌人无计可施，最终下令将陈延年秘密处决。

陈延年被押赴刑场（《觉醒年代》剧照）

　　1927 年 7 月 4 日，陈延年被押赴刑场。一路上，他拖着沉重的脚镣向前挪动，鲜血顺着脚镣流淌，走出了一条血路。到达刑场，刽子手高高举起屠刀，喝令跪下，陈延年却昂首挺胸傲然站立，大义凛然地说："革命者只有站着死，绝不下跪！"几名刽子手冲上来用暴力把他强硬地按了下去，可手刚一松开，陈延年又一跃而起，刽子手被惊吓得差点摔倒。恼羞成怒的刽子手们无计可施，他们蜂拥而上，将陈延年按在地上以乱刀残忍杀害。那时，陈延年年仅 29 岁。

　　陈延年牺牲还不到一年，因叛徒告密，弟弟陈乔年也不幸被捕。陈乔年在当年陈延年就义的同一地点壮烈牺牲，年仅 26 岁。

　　2021 年，电视剧《觉醒年代》热播，让更多的中国人知道了陈延年、陈乔年这对英雄兄弟的事迹。他们成为无数青年以学报国、增加自身底气的榜样。

黄震：永攀航天新高峰

人物档案

黄震　（1982— ）

　　中国航天科技集团有限公司第五研究院总体设计部型号副总设计师，2022年"中国青年五四奖章"获得者。

人物心语

　　回望载人航天30年，一代又一代青年为这个伟大的事业奉献了青春与智慧。一代又一代青年在这个广阔的平台上得到了成长与发展。这样的故事还在继续，这样的荣耀还将上演。

　　2020 年 5 月，黄震和团队研制的新一代载人飞船试验船开展在轨试验。这是黄震与成功返回的试验船返回舱合影留念。黄震说自己是造飞船的，梦想是将航天员送到 38 万公里外的月球，实现中国首次载人登月。

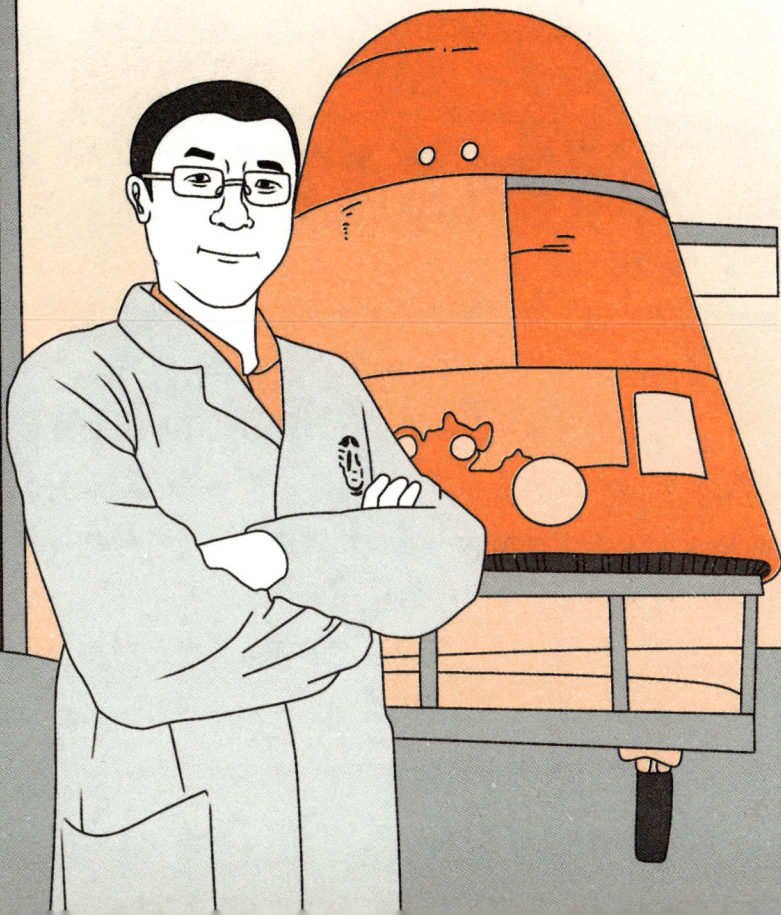

人物春秋

他从来没有飞上过太空，但是在太空里翱翔的飞船却少不了他的助力。他谦称自己只是一名普通的航天青年，他说科研攻关的过程很艰辛但也很过瘾，他对中国的航天充满信心，他始终充满激情，愿意迎接一切挑战。他就是黄震，带着一支善于创新、勇于攻关、敢于突破的团队，成为我国开展载人登月的主力军。

梦想航天，神舟对接

2003 年 10 月，我国第一艘载人飞船神舟五号成功发射，中国人冲向太空的梦想又向前迈进了一大步，举国上下一片欢腾。电视屏幕上不断奔腾的火焰，也点燃了黄震的梦想。那一年，黄震读大三。这名北京大学物理专业的高才生，暗自下定决心，要做一名航天人。

从北大物理系本科毕业后，黄震进入了航天科技集团五院继续攻读硕士和博士学位。2010 年博士毕业后，黄震正式加入中国航天事业，相继进入神舟八号和神舟九号的任务团队，负责规划与方案设计。

刚到工作岗位时，黄震赶上了任务最忙的时刻，连续四五百天连轴转。在圆满执行了神舟八号和天宫一号空间实验室的交会对接任务后，黄震被任命为载人飞船系统总体副主任设计师，是具有这个头衔的最年轻的工程师之一。

紧接着，黄震就主持了神舟九号和天宫一号的手动交会对接任务。这是一个十分艰巨的任务，在陆地上开车司机都会有充足的反应时间，但在太空中一眨眼工夫飞船就飞出去几公里，操作者需要在零点几秒内作出反应，这就需要进行各种边界设计和操作。

面对困难，黄震想出一个"笨"办法：画点阵图，然后对照太阳在一天中各个时间段的不同角度，用太阳高度角的方式往任何一个点阵去投影，分析各种遮挡情况进行计算。为了验证软件计算的结果，他还偷偷在家里做了很多纸壳模型，用手电筒当投影一个个检验。

2012年6月24日，神舟九号和天宫一号手动交会对接取得圆满成功，这标志着中国成为世界上第三个完整掌握空间交会对接技术的国家。黄震感到无比欣慰。

为了登月，7年攻关

2013年，黄震接到新任务——研制中国新一代的多用途飞船，未来既可以用来登月，也可以登火。黄震与一群平均年龄只有30岁的青年组成项目团队，踏上研制中国新一代载人飞船的征程，目的就是要做到国际领先。经过 7 年的精心打磨，2020 年 5 月，黄震和团队研制的新一代载人飞船试验船开展在轨试验。

这又是一次中国史无前例的试验：试验舱要从高度 8000 公里外的轨道直接返回。此前，中国的神舟载人飞船以及美国的阿波罗飞船，大多是从 400 至 500 公里的高度返回，这一次距离直接放大 20 倍。返回高度越高，飞行的速度就越快，再入大气层时摩擦产生的热量就会越高，对船体以及飞船各项参数的考验就愈加严苛。

整个发射过程，黄震和团队在任何一个时间、任何一个细节上，都将所有可能的预案制成预案卡，把每一个有可能发生的事件，有可能采取的措施全部记在卡上。在执行任务时，黄震手里拿着几百张卡片，每过一个飞行动作，就撕掉一张。每撕一张，焦虑感就减少一层。

试验当天，黄震始终提着心。随着试验舱进入大气层，舱体因大气阻碍快速减速，摩擦产生的热量会在 2000℃以上，试验舱此时也会被等离子体包围，导致通信中断，进入所谓的"黑障区"，地面接收不到任何遥测信号。

穿过黑障区需要一分钟左右的时间。黄震一直盯着可见光雷达上的红点，一秒秒地数着、等着……他生怕小红点突然灭掉，更怕它突然变成两个小红点——那意味着飞行器烧毁和解体。过后，地面重新捕获信号，黄震终于长出了一口气，这意味着飞行器度过了最危险的时期。

黄震（中坐者）在监控试验舱返回过程

随着试验舱平稳落地，黄震彻底松了一口气，现场迎来了一片欢呼声。黄震带领团队经过 2500 多个日夜，奠定了我国新一代载人飞船的雏形。

千年梦想，萦绕在心

从研发出全尺寸试验船，到成功发射新一代载人飞船试验船，黄震和团队实现了我国新一代载人飞船技术由"跟跑"到"并跑"的飞跃。黄震说："这一路下来，我始终在奔跑，在追赶，在超越，如果你问我累不累，答案当然是肯定的，但如果你问我后不后悔，我会说'绝对不会'。因为航天是一个让人很振奋的行业。在这里有对宇宙永恒的探索，有对祖国赤诚的热爱，有对人生崇高的诠释。"

黄震是"悬崖边上的追梦人"。他的梦想是将航天员送到 38 万公里外的月球，实现中国首次载人登月。黄震希望未来可以在地球和月球之间，建立人类自由往返的通道；再远的将来，让中国人飞出地月系，飞到火星，甚至飞到太阳系以外。

目前，黄震带领载人登月团队，连续攻坚，已经组织完成了载人月面着陆器定点落月、月面极端环境生存等大大小小几十项关键技术攻关。黄震的脚步不会停歇，他和团队决心让中国人千年登月的梦想在手中实现！

涵养浩然气

底气是产生浩然之气的沃土，没有底气，浩然之气就无从产生。

底气源于自信。习近平总书记说："'大鹏一日同风起，扶摇直上九万里。'100年来，中国共产党秉持为中国人民谋幸福的初心、为中华民族谋复兴的使命，不畏艰难险阻，不惧流血牺牲，团结带领全国各族人民浴血奋斗、发愤图强、改革开放，中华民族迎来了从站起来、富起来到强起来的伟大飞跃。"中华民族的伟大复兴，这是国家给我们的自信。

底气源于力量。习近平总书记说："年轻一代要继承和发扬吃苦耐劳、自力更生、艰苦奋斗的精神，摒弃骄娇二气，像我们的父辈一样把青春热血镌刻在历史的丰碑上。"志存高远，学有所成，这是能力给我们带来的自信。

新一代青少年，生逢其时，我们与祖国一体，与人民同心，才能接地气、增底气、注生气，从而涵养浩然之气。

2021 年 5 月 9 日，习近平总书记在给《文史哲》编辑部全体编辑人员的回信中指出："增强做中国人的骨气和底气，让世界更好认识中国、了解中国，需要深入理解中华文明，从历史和现实、理论和实践相结合的角度深入阐释如何更好坚持中国道路、弘扬中国精神、凝聚中国力量。"

力学笃行

❶ 你觉得中华文明与中国人的骨气、底气有怎样紧密的联系？举例说明。

🎤 ＿＿＿＿＿＿＿＿＿＿＿＿＿＿＿＿＿＿＿＿＿＿

＿＿＿＿＿＿＿＿＿＿＿＿＿＿＿＿＿＿＿＿＿＿＿＿

❷ 假设你现在要做一个中华文化推介人，你打算怎样展现"底气"二字？

✏️ ＿＿＿＿＿＿＿＿＿＿＿＿＿＿＿＿＿＿＿＿＿＿

＿＿＿＿＿＿＿＿＿＿＿＿＿＿＿＿＿＿＿＿＿＿＿＿